Hermann Missenharter
Liebes altes Württemberg

Hermann Missenharter

Liebes
altes
Württemberg

Mit einer Einführung
von Otto Borst

J. F. Steinkopf Verlag

Hermann Missenharter, 1886–1962, war Publizist und Journalist in Stuttgart.
Otto Borst, im Pfarrhaus zu Waldenburg im Hohenlohischen geboren, ist Ordinarius für Landesgeschichte an der Universität Stuttgart.

CIP-Titelaufnahme der Deutschen Bibliothek

Missenharter, Hermann:
Liebes altes Württemberg / Hermann Missenharter.
Mit e. Einf. von Otto Borst. –
Stuttgart ; Hamburg : Steinkopf, 1988
ISBN 3-7984-0662-6

1 2 3 4 5   95 93 91 89 88

Umschlaggestaltung: Christian Lothspeich, Frankfurt/M., unter Verwendung einer kolorierten Lithographie nach einem Gemälde von Gottlob Friedrich Steinkopf (1779–1860), mit freundlicher Genehmigung der Württembergischen Landesbibliothek, Stuttgart
Innenbilder: Ernst Kirschner, Stuttgart
Gesamtherstellung: Druckhaus Dörr, Ludwigsburg
Alle Rechte vorbehalten
© J. F. Steinkopf Verlag GmbH, Stuttgart Hamburg 1988

INHALT

Otto Borst

VORWORT

Abgesehen von der Lektüre seiner »schwäbischen« Bücher und seiner köstlichen Essays, die mich schon als jungen Mann anzogen, verbindet mich mit Hermann Missenharter gewissermaßen ein Privaterlebnis. Nach der Aufführung des »Urfaust« durch eine Abiturklasse eines Stuttgarter Gymnasiums – meine Frau spielte das Gretchen, wir gaben uns mächtig Mühe, und dennoch ging der Vorhang einmal zu früh und einmal zu spät auf – erwartete ich einen gnadenlosen Verriß durch Hermann Missenharter, den Statthalter der Stuttgarter Theaterkritik in Person. Das Wunder: Er selbst klopfte schonend und behutsam an, ermunterte und lobte gar, und abschließend schrieb er: »Schade, zu schade, daß einem derlei das große Theater schuldig bleibt.«
Hermann Missenharter war nicht nur »homme de lettres«, sondern auch, bei aller Schärfe eines feingeschliffenen Verstands, ein Mensch von warmer und wärmender Herzlichkeit. Als er sechsundsiebzigjährig am 26. September 1962 in seinem Haus auf der Gerlinger Höhe starb, feierten ihn seine beiden Kritiker-Kollegen mit Recht als den Meister der Form. Hundertmal sei gesagt worden, schrieb Richard Biedrzynski, daß er »ein Voltairianer war, ein Mann, der sein Vertrauen auf die menschliche Vernunft setzte, auf die Freiheit des Gedankens und auf die Toleranz des Gewissens«. War er »nur« ein Könner? »Er war ein gewiegter Theaterkritiker, ein versierter Journalist, ein Virtuose der

schneidigen Prosa mit skeptischen Vorbehalten und einigem Mißtrauen gegen die verwegenen Ausbrüche der zornigen Jugend.«

Noch tiefer griff der andere Kollege, Kurt Honolka, indem er bei Missenharter auch immer eine gehörige Portion Humors vorfand und den Weltbürger und Humanisten Missenharter an die Seite älterer Schwabenköpfe stellte, in die Nähe von Ulrich Megerle, genannt Abraham a Sancta Clara, von Christoph Martin Wieland aus Biberach oder Friedrich Theodor Vischer aus Ludwigsburg, Gestalten, denen Missenharter selbst mit feingezeichneten Porträtstudien huldigte. Sie waren Fleisch von seinem eigenen Fleisch, jeder auf seine Weise ein Mann von glänzender, brillanter Diktion, aber auch jeder ein behender Fechter für Toleranz und Menschlichkeit. Natürlich ist Missenharter irgendwo einer der Enkel Voltaires und Lessings. Die schwäbische Variante dieser europäischen Aufklärertradition verrät sich indessen in jener gütigen und humorigen Ecke, in die sich Missenharter allemal zurückzuziehen vermochte. Er hatte für die Politik und die irgendwie formierte politische Öffentlichkeit nichts übrig; es ging ihm um das Niveau und um unbestechliche Gütemarken von Kultur. Er hatte Maßstäbe. Und er hatte sie nur deshalb, weil er ein grundgescheiter, ein grundgebildeter Mann war. Aber die Sache war ihm entscheidend, nicht das Dekor. Er hatte in Stuttgart eine Macht wie Alfred Kerr in Berlin, aber er hatte nicht dessen aphoristische Diktatur. Theaterkritik war für ihn nicht der Ort, wo er und seinesgleichen wie weiland die römischen Kaiser im Kolosseum den Daumen entweder nach oben oder nach unten kehrten. Theaterkritik war ihm ein Feld der Auseinandersetzung; nur der konnte sich behaupten, dem geläufig war, daß Kultur niemals von selbst entstehe, sondern immer nur geleistet werden könne.

Hermann Missenharter ist am 5. Juni 1886 in Stuttgart geboren. Sein Vater war Postrat und also, möchte man meinen, nichts als das honorige Mitglied einer nicht weiter weltbewegenden Beamtenschaft. Wenn man freilich erfährt, daß er aus dem reichen, allemal patrizisch gefärbten Ulm kam, der einzigen mittelalterlichen »Großstadt« des deutschen Südwestens, daß wiederum sein Vater ein Geigenbauer war, dann wird man das naheliegende Stimmungsbild von der kaum überwundenen Enge schwäbischen Kleinbürgertums revidieren müssen. Immerhin war der Vater auch der Ehegemahl der Stuttgarter Oberhofsängerin Louise Götz, Hermann Missenharters Mutter, die aus dem Schwarzwald kam und deren Vater in der prominenten Stuttgarter Seestraße ein reiches Haus hielt.

Die Fäden werden deutlich und sichtbar. Irgendwo in der väterlichen Sippe muß ein Stück Künstlertum geschlummert haben. Und was die Mutter anging, die Sängerin, so hat Missenharter die Reize und Eigenheiten der Theaterwelt mit der Muttermilch eingesogen, ganz abgesehen davon, daß die Mutter nicht aus einer der eingezogenen und gar pietistischen Familien am mittleren Neckar kam, sondern aus dem Badischen. Missenharter ist einer der wenigen Interpreten des Schwäbischen in seiner Zeit, dem die schwäbisch-alemannische Stammeseinheit eine ganz selbstverständliche, nicht zu eskamotierende Sache war. Man wird sich das Stuttgarter Elternhaus eher mit einem Strich ins Großbürgerliche versehen denken dürfen; von seinen beiden Schwestern heiratete die eine einen Rechtsanwalt, die andere einen Arzt.

Sein Abitur legte er am Stuttgarter Dillmann-Gymnasium ab. Drüben über dem Platz, im Eberhard-Ludwigs-Gymnasium, hätte er gewiß das Studium der alten Sprachen zum Ziel genommen. Als einer der modernen und aufs »Reale« gerichteten »Dillmänner« studierte er Neuphilologie, zuerst in Leipzig, dann in Paris und London und erst am Ende an der Landesuniversität in Tübingen. Dort legte er sein Examen ab, machte in Stuttgart sein Referendariat und unterrichtete für eine Weile an Stuttgarter Gymnasien Englisch und Französisch. Indessen lockte das Schreiben, das Kommentieren, das Analysieren. Nach einem Volontariat bei der »Württembergischen Zeitung« begann er mit dem

»Eigentlichen« und schrieb Theaterkritiken für die Dammertschen »Kulturbeiträge« in Berlin. Im Sommer 1911 erhielt er von fünfzig deutschen Blättern den Auftrag, über die englischen Krönungsfeierlichkeiten zu berichten. Im gleichen Jahr kehrte er nach Stuttgart zurück und arbeitete als Feuilletonredakteur und Kritiker an der »Württembergischen Zeitung« und später am »Stuttgarter Neuen Tagblatt« bis zur Übernahme durch den »NS-Kurier« im Jahre 1943.

Man wollte ihn in die Redaktion des einzigen und führenden württembergischen Parteiblatts übernehmen; er lehnte dankend ab. Er hat sich nie einem «Verein» angeschlossen und war auch in Tübingen, wie selbst Erich Schairer, keiner der landesüblichen Korporationen vom Schlage der Normannen oder Roigel beigetreten. Der zierliche, ja hagere Mann mit seinen wachen Augen, der mächtigen Stirn und der leisen, später oft heiseren Stimme muß einer von den urschwäbischen Verweigerern gewesen sein. Der württembergische König Wilhelm I. soll einmal gesagt haben, die schwäbischen Säuglinge sagten als erstes Wort nicht »Vadder« oder gar »Mamme«, sondern »noi ette« (nein nicht). Auch Missenharter ist – das Diktum wird Johann Albrecht Bengel, von anderen Ludwig Uhland zugeschrieben – »ein Reichsstädtlein für sich«. Von 1919 an hat er die Zeitschrift »Der Schwäbische Bund« redigiert und herausgegeben, hierin insofern »völkisch«, als er – wie seine Gewährsmänner Hermann Hesse oder Wilhelm Hausenstein, Karl Hofmann oder Wilhelm von Scholz, Theodor Haering oder Wilhelm Schussen – im deutschen Südwesten, im Württemberger und Badener Land eine geistige Einheit sah, die es jetzt nach Abdankung der Monarchien zu wecken und in einem größeren schwäbisch-alemannischen »Südweststaat« zu verwirklichen galt.

Vom Eigen-Sinn und auch vom Stolz des Schwäbischen spürt man damals und später manches in ihm. Verknüpft mit Missenharters offenbarer Arglosigkeit und Untüchtigkeit im Politischen konnte dieser geistige Lokalpatriotismus

10

seine wunderlichsten Blüten treiben. Als 1919, mitten in leidenschaftlicher Umbruchszeit, Paul Klee – die Mehrzahl der Studierenden plädierte in aller Öffentlichkeit dafür – an die Stuttgarter Akademie berufen werden sollte, schritt Missenharter vehement dagegen ein und schrieb in der »Württembergischen Zeitung«: »Und nun ausgerechnet Paul Klee, richtiger Paul Zion Klee! Er hat vor Jahren als nicht ungeschickter Epigone Aubrey Beardsleys durch meist perverse Radierungen und Zeichnungen ein gewisses Aufsehen in snobistischen Klüngeln erregt, ist inzwischen aber, wie viele wurzellose, krankhafte Zeitgenossen, aus modischen Rücksichten, vielleicht auch in dilettantischer Phantasterei zur Theosophie übergegangen.«

Der Satz verrät die Grenzen des Kunstkritikers Missenharter. Sie werden nicht einmal dort recht offenbar, wo gleichsam in einem Nebensätzchen Klee zu einem Juden gestempelt wird (der er nicht war), sondern vielmehr dort, wo Kunst augenscheinlich als hehrer Bildungsträger und Mittel zur individuellen Erhebung deklariert wird, in dieser freundlich-beiläufigen Form, wie man im Schwäbischen damals – siehe Pleuer oder Landenberger – Malerei zu sehen gewohnt war. Jeder Gang ins Gegenstandslose und Abstrakte mußte aus dieser Perspektive ein Weg ins Wurzellose und ins Böse sein, und daß Missenharter seine unausgesprochene Invektive gegen die liederliche – und fremdrassig verseuchte – Verkommenheit aller Asphaltkunst (wiederum unausgesprochen) mit einem generellen Plädoyer für »reinrassiges Kunstschaffen« vermengt, macht die Sache besonders bedrückend.

Indessen ist er kein Nationalsozialist geworden, obwohl die Versuchung nahe lag und viele, fast alle seiner Journalistenkollegen ihr erlegen sind. Die »völkische« Epoche nach dem November 1918, als Tübinger Studentenkompanien nach München zogen, um ein Stück Deutschland vom frechen Zugriff des internationalen Kommunismus zu befreien, hat Missenharter allenfalls gestreift. Er hat die Angebote der Ideologien immer abzuwehren verstanden, und der ungleiche Kreis seiner Freunde – darunter Walter Erich Schäfer und Theodor Heuss, Henry Bernhard und Erwin Schöttle, Josef Eberle und Gerhard Storz – macht klar, daß eine spezifische politische Bindung nie vorhanden und auch nie zu denken war. Eine Tätigkeit in der Parteipresse war für ihn, den Liberalen, unvorstellbar. Statt zur gut dotierten Stelle beim »NS-Kurier« ging er 1943 als Lektor zum Cotta Verlag, und im Juni 1948 wurde er dann Theaterkritiker an den »Stuttgarter Nachrichten«, als Zweiundsechzigjähriger für andere Begriffe schon ein Ruheständler. Aber die ihm eigene und gern kaschierte Vitalität überwand die Tücken der »Spätzeit«, wie sie Jahre zuvor den Zusammenbruch der eigenen Familie überwunden hatte. Als junger Mann hatte er geheiratet und mußte erleben, daß ihm die Frau und zwei geliebte Kinder starben. Als reifer Mann schon hat er dann eine neue Familie gegründet.

Übrigens verdankt man der kargen Sinekure im Hause Cotta Missenharters erstes Schwabenbuch, die im zweitletzten Kriegsjahr 1944 erschienene Biographie Caspar Schillers, des vergessenen Vaters von Friedrich Schiller. Nach den beiden Bänden, die Voltaire galten und mit denen Missenharter, elftausend Dokumente sichtend, einer Wahlverwandtschaft das Denkmal setzte, ist das Württembergisch-Schwäbische fortan der Grundstoff seiner Bücher geblieben. 1946 sind bei Port in Urach, einer jener großartigen und heute wieder ganz vergessenen verlegerischen Nachkriegsgründungen, die »Schwäbischen Essays« erschienen, eine Handvoll Schwabenköpfe, die nicht lebendiger und nicht geistvoller hätten porträtiert werden können. Nicht ohne ironische Tupfer erscheint der Chiliast und Mechanicus Philipp Matthäus Hahn, der bodenständige Caspar Schiller, der in gefährliche Bodenlosigkeit gefallene Wilhelm Waiblinger, der Idealist Dietrich Heinrich Kerler, der Humanist Hermann Hefele und dann der kauzige, hochbegabte und vielseitige Friedrich Theodor Vischer, den Missenharter, wie Josef Eberle alsbald anerkennend vermerkte, als einen Prototyp des Schwäbischen überhaupt erscheinen läßt und »an dessen Monumentalität vortäuschender Bronzebüste er, erfrischend unbefangen, ein bißchen herumkratzt, so daß der blanke Gips zum Vorschein kommt«.

Tatsächlich sind diese köstlichen Lebensbilder in ihrer Wärme und in ihrer ganz naheliegenden und wie selbstverständlichen Intimität bis heute in der schwäbischen Literatur eine einmalige Sache geblieben. Besonders an ihnen zu rühmen wäre die Berücksichtigung des katholischen Strangs der »schwäbischen« Geistestradition. In seinem Kapitel »Barocke Figuren« macht Missenharter zum ersten Mal die oberschwäbischen Originale hoffähig, den gelehrten Jacob Bidermann, den köstlich zupackenden Abraham a Sancta Clara, Sailer und Jung, die noch den mediengesättigten Leser von heute zum homerischen Gelächter verführen könnten. Missenharter hat vor allem der Mensch in der württembergisch-schwäbischen Geschichte angezogen. Gewiß hat er auch Städte und »Strukturen« beschrieben, seine Vaterstadt Stuttgart voran in dem Band »Herzöge – Bürger – Könige« (1955). Aber das Biographisch-Literarische hat ihn am unmittelbarsten berührt; die Ausgabe von Chamissos »Erzählungen« (1947) und vor allem die sechsbändige, von 1941 bis 1951 im Cotta Verlag erschienene und von ihm auch mit wissenschaftlichem Ehrgeiz besorgte Schiller-Ausgabe zeugen davon.

Das Buch, dem er den herzlichen Titel »Liebes altes Württemberg« gab, scheint diesen – anspruchsvoll gesagt: anthropologischen – Anstrich nur so ganz nebenbei zu haben. Es ist, »als Manuskript gedruckt«, 1946 bei Cantz in Bad Cannstatt erschienen, ein Büchlein von 268 Seiten und ohne jegliche Verlagswerbung. Das Erscheinungsjahr hat kundige Bibliothekarshand erschlossen. Renate Milczewsky, erste und bis heute wohl einzige wissenschaftliche Bearbeiterin des Missenharterschen Werkes, läßt es 1945 erscheinen, ohne weiteren Nachweis. Der Hauptteil des Manuskripts stammt gewiß aus den ersten Jahren des Zweiten Weltkriegs oder aus noch früherer Zeit; die Zerstörungen und Verwüstungen der Bombennächte vor allem der

Jahre 1944 und 1945 sind fast nirgendwo berücksichtigt. Im Blick auf Freudenstadt erfährt man nirgends, daß das alte Freudenstadt – sehen wir von der Kirche einmal ab – verschwunden ist, Löwenstein bietet eben seit 1945 kein »unverfälschtes Bild« mehr, der Mittelteil des Stuttgarter Neuen Schlosses ist längst nicht mehr »kronengeschmückt«, und was Crailsheim anlangt, in den Endkämpfen des Zweiten Weltkriegs dem Erdboden gleichgemacht, so kann keine Rede davon sein, daß es sich den Charakter eines Amtsstädtchens »treu bewahrt« habe.

Missenharter geht von der Vorkriegssituation aus, in der das Schlößchen Grafeneck noch ohne die grauenvolle Last der NS-Euthanasie gesehen werden konnte und Hohenlohe, mittlerweile mit Autobahnen beglückt, tatsächlich noch »keine großen Durchgangsstraßen« hatte. Missenharter beschreibt das, was *er* sah, und er beschreibt es in *seiner* Sprache. Sie setzt ein gebildetes Publikum voraus, wenn mit einer »Klimax« hantiert wird, wenn den Autor am Bodensee die herrlich »opaleszierenden Farbenspiele« beglücken oder wenn vom Neckar berichtet wird, er sei ein »konzilianter Fluß«. Andererseits spricht für Missenharters Sprache, daß sie heute noch so vorzeigbar ist wie in den ersten Kriegsjahren 1939 und 1940. Zeitbedingte Wörter wie »wehrpolitisch« oder »Deutschkunde« sind die Ausnahme; gerade hier spürt man etwas von der Unbestechlichkeit und schließlich Unabhängigkeit des Kritikers Missenharter.

Freilich wird diese Distanz dort gern unterwandert, wo Missenharter sein Objekt ins rechte Licht rücken muß. Wes das Herz voll ist, des geht der Mund über. Dann sind Superlative gerade gut genug. Das obere Donautal gehört »zu den romantischsten und abenteuerlichsten Landschaftsszenerien des südlichen Deutschlands«, Gmünds Kirchen zählen zu den »kunstgeschichtlich bedeutsamsten Bauwerken Schwabens«, französisches Rokoko kann man »nirgends eindrucksvoller studieren als am Ludwigsburger Schloß«, der Heilbronner Kilianskirchenturm ist »einer der eigenartigsten und kapriziösesten in deutschen Landen«, und die Comburg darf als »das besterhaltene und am schönsten gelegene befestigte Bergkloster Deutschlands« gelten.

Missenharter wirbt für sein Land, ohne freilich in billige Lobrednerei zu verfallen. Ich nehme ein einziges Beispiel heraus: Tübingen zeigt für ihn die Provinzialität an allen Ecken und Enden, man kann dort »verbauern«, und an Sehenswürdigkeiten ist die Stadt – Missenharter zögert da nicht – »arm«.

Die Gretchenfrage drängt sich hier auf, wie es ein derart brillanter Beschreiber mit den Wissenschaften halte, insonderheit mit den geschichtlichen. Sie machen rasch klar, daß in der Tat, so Hegel, das Wahre nur das Ganze ist. Altshausens zu gedenken, ohne auch die Württemberg zu nennen, geht nicht an; im Blick auf das heutige Schloß Neuenstein, das die Handschrift (und Leistung) Bodo Ebhardts trägt, gilt das ebenso wie für den Wanderschritt durch den sogenannten Schwäbischen Wald, der zum guten Teil eben doch ein Fränkischer Wald ist. Es gibt da schlichte Fehler bei unserem Autor. Calw war gewiß nicht Württembergs »erste Industrie- und Handelsstadt«, Schöntals Äbte haben es eben leider nie zur Reichsherrlichkeit gebracht, und daß in den Weinbaugegenden »der Pietismus nicht bodenständig« sei, widerlegt schon Fellbach aufs nachdrücklichste: Das klassische und führende Pietistennest ist bis heute ein tonangebendes Weinbauernnest.

Es gäbe da viel zu sagen, und es ließen sich vor allem Fragen anmelden. Gibt es denn nur *einen* haltbaren und wissenschaftlich einwandfreien Beleg für die stadtrettende Heldentat der Schorndorferin Barbara Künkelin? Wie sieht der Beleg aus für den »ersten württembergischen Landtag« in Leonberg? Sollte dieser widerliche württembergische Tyrann namens Friedrich je in seinem Diktatorenleben einmal »sentimental« gewesen sein? Und wie kann die festliche Villa Mira Mare, das maurische Langenarger Schloß, lediglich eine »geschmacklose« und »traurige« Sache sein? Hatten die Ulmer tatsächlich (das moderne Wort ist gemeint) eine »wahrhaft demokratische Grundhaltung« in ihrer Verfassung? War das 18. Jahrhundert wirklich gegenüber Altertümern »pietätlos«? War der Biedermeier Mörike nichts anderes als ein »Romantiker«?

Man hat Fragen an den Autor, und man hat sie natürlich vor einem — wenn das Paradoxon erlaubt ist — solch kleinen Kolossalgemälde wie diesem Buch in doppeltem Maß. Missenharter wäre der Letzte gewesen, der seine Teilnahme an diesem Streitgespräch verweigert hätte. Er kannte die Forschung sehr wohl, und er hat zumindest dem Kundigen in manchen Details auch verraten, wie sehr er sich für seine Beschreibungen umgetan hat in der Literatur. Er hat sich orientiert über die Ergebnisse der Limesforschung, er hat sich von den Sprachwissenschaftlern die Wandlungen des Ausdrucks »Schwob« detailliert darlegen lassen, er hat die landespolitische und geistesgeschichtliche Bedeutung Eberhards im Bart genau erfahren, er zitiert den immer noch souveränen Kunsthistoriker Georg Dehio manchmal wörtlich. Missenharter kann über den Gartenzaun blicken — siehe allein die kirchengeschichtlichen Perspektiven zur Geschichte Hirsaus —, und er gibt schließlich selbst Anstöße für die wissenschaftliche Forschung, wenn er, hier an den genialen Anreger Egon Friedell erinnernd, nur im Vorbeigehen meint, der Schwabe habe sich mit der Entdeckung der Industrialisierung »gleichzeitig selbst entdeckt«.

Wie immer auch: Diese Bilder der schwäbischen Geschichte und des Schwabenlands sind köstliche Konterfeis, wie sie uns nur alle Generationen einmal beschert werden. Missenharter ist ein Erspürer der historischen und der landschaftlichen Eigenheiten, ein Beschreiber, ein Erzähler, aber vor allem ein Künstler. Er macht klar, mitten in einer in Begriffsmechanismen und abstrakte, unverstandene, automatisch weitergegebene Fachjargons gefallenen Welt, daß die Alten der Geschichte eine Muse an die Seite gaben, ein Weib namens Klio — keiner hat sie mehr gesehen in unseren Tagen, wenn auch etliche dem Reiz der großen Geschichtserzähler für Augenblicke nachtrauern. Missenharter war einer von ihnen. Er hat selten zu Anekdoten gegriffen in seinem Buch, nur wenn es fast unumgänglich war, so wenn in der unausschöpflichen Zimmerschen Chronik von den Buchauern die Rede war, von den Reutlingern, die sich die Belagerung durch den Grafen Eberhard gefallen lassen mußten, vom Wahrzeichen Tübingens, dem Manne, den man aufs Rad geflochten hatte. Aber das Buch ist alles andere als eine wohlfeile Anekdotensammlung, die ihren billigen Kundenfang nicht verdecken kann. Als Missenharter vor dem Heilbronner Rathaus natürlich auch auf das »Käthchen« zu sprechen kommt, greift er gar nicht, was leicht und wohl auch verlockend gewesen wäre, in die Klaviaturen dieser rührenden Geschichte, sondern beendet das Märlein, noch ehe es begonnen: »In Wahrheit aber hat es eine Käthchensage überhaupt nie gegeben.«

Warum also ist dennoch sein »Liebes altes Württemberg« ein so köstliches Büchlein geworden? Zunächst einmal, weil Missenharter schreiben kann. Er gibt keine irgendwie ausgestopfte »Zeittafel«, sondern Bilder voller lebendiger, plastischer Sprache. Wenn er zur Urgeschichte der Schwäbischen Alb vorstößt, ist er so bei der Sache, daß er selber glaubt, »über dem Haupt einen dieser grotesken Flugsaurier daherrauschen zu hören«, und wenn er vor einer der Albhöhlen steht, dann sind da auch »Jungfräulein, holdselige Königstöchterlein, die jeden Burschen mit Gold und Edelsteinen beschenken«. Ist Geschichte je vergangen? Ist sie nicht aufbewahrt im Gehäuse unserer Gegenwart?

Missenharter kann Vergangenes herbeizaubern, als ob es gestern gewesen wäre. Damit wir uns recht verstehen: Er ist keiner der leichtfertigen rhetorischen Schausteller, die deshalb ankommen, weil sie auf die Tränendrüsen drücken können. Missenharter kann deshalb die Dinge so gut sagen, weil er sich so gut gerüstet hat für seine Grabarbeit. Seine Sprache ist deshalb so frisch wie am ersten Tag, weil sie das artistisch anmutende Ergebnis härtester Arbeit und einläßlichsten Studiums ist. Was sind das für großartige, feinziselierte Landschaftsbilder, von der rätselhaften Monumentalität des Schwarzwalds, von der seligen Weite des Bodensees, vom dunklen Ernst der Schwäbischen Alb! Und was sind das für kluge, erfahrene Worte über die Handwerklichkeit der Schwaben, über ihr allzeit schöpferisches Ingenium, über ihre oft mißverstandene Redlichkeit! Wie gründlich kann sich Missenharter den Umrissen der Details nähern, und wie verblüffend sind die großen Linien, mit denen er – andere brauchen Seiten und ganze Bücher dafür – die Geschichte des schwäbischen Herzogtums einzufangen weiß! Und wie erstaunlich diese wenigen Striche, mit denen er die geistesgeschichtlichen Hintergründe eines – noch so kleinen – Kunstwerks anzudeuten weiß!

Missenharter ist, droben in seiner Gerlinger Klause sitzend, mit äußerlichen Ehrungen nicht verwöhnt worden. Dieses Buch ist beides zugleich: eine Quelle köstlichen Kennenlernens für den Leser und eine echte Hommage für den Autor.

Juli 1988

GESCHICHTLICHES

Wenn der Schwabe seine Geschichte überdenkt, so kann man ihm sein starkes Selbstbewußtsein nicht verargen. Diese Geschichte fängt damit an, daß das aus unserem Boden bei Steinheim an der Murr ausgegrabene Mammut, dessen vollständiges Skelett im Stuttgarter Naturalienkabinett zu sehen ist, bis heute das größte aller irgendwo ausgegrabenen Skelette des Elephas primigenius darstellt, neben dessen guten vier Metern Höhe die in Rußland, in Bayern, Sachsen und in der Berliner Umgegend gefundenen Gerippe sich recht pover ausnehmen. Dieser schwäbische Mammut-Rekordbulle beweist, daß schon in der eisigen Diluvialzeit, als das jetzt so freundliche und sonnige Oberschwaben bis nach Ochsenhausen und Biberach herauf unter dem Rheintalgletscher verborgen lag, im eisfreien Unterland, wo es deshalb keinen Bodensee und keinen Federsee, aber einen desto besseren Wein gibt, ein sorgenfreies und nahrhaftes Leben für solch einen Dickhäuter möglich war, damals vor fünfzehn- oder zwanzigtausend Jahren. Auch die scharfsinnige Vermutung unserer Prähistoriker, daß es sich dabei wohl um einen mürrischen, zuletzt gichtgeplagten Einzelgänger gehandelt habe, klingt uns nicht unsympathisch; jedenfalls war er schlau genug, in keine der Fallen zu gehen, die die Jäger ihm gern gestellt hätten.

Nach diesen Eiszeiten und Regenperioden, an die wir in so manchem neuzeitlichen Winter und Sommer unseres Mißvergnügens nicht ohne Schauder erinnert werden – o ewige Wiederkehr des Gleichen! – kamen, wie wir noch von der Schule her wissen oder wissen sollten, die beiden Steinzeiten mit Ackerbau und Viehzucht und einer höchst primitiven Töpferkunst, dann die Bronzezeit und die Eisenzeit, aus deren metallenen Funden auf einen Handelsverkehr mit dem Orient und den Mittelmeergebieten geschlossen werden kann. Von den Menschen, die in jenen fernen Jahrtausenden vor unserer Zeitrechnung in dem heute württembergischen Land gelebt haben, wissen wir nicht viel mehr, als was uns die Gegenstände verraten, die in den Grabhügeln gefunden wurden; und diese verraten uns wenig genug. Etwas heller wird es erst, als um 400 vor Christo aus dem Westen die Kelten ins Land kamen, die nicht mehr in den Tälern siedelten, sondern auf den steilsten Bergrücken mauerumwehrte, großräumige Fliehburgen errichteten. Diese nützten ihnen allerdings wenig, als etwa ums Jahrhundert vor Christus germanische Stämme vom Norden her eindrangen. Was jetzt in unserem Land geschah, wissen wir nicht. Da die entscheidenden Kämpfe zwischen Römern und Germanen, die die nächsten Jahrhunderte erfüllten, sich sozusagen außerhalb Etters abspielten, hat weder Cäsar noch Tacitus unsere Gegend zu erwähnen für der Mühe wert befunden. Rhein und Donau bildeten schließlich die Grenzen des römischen Imperiums, und das Land um den Neckar war eine Zeitlang Niemandsland, das als strategisch ungünstiger Winkel ins römische Reichsgebiet einschnitt. Nur dieser sozusagen wehrpolitischen Tatsache hatten wir es zu verdanken, daß wir dann doch römisch geworden sind; um zwischen den Rhein- und Donauheeren kurze Verbindungslinien herzustellen, wurden zwei Diagonalstraßen angelegt, die eine von Straßburg über Rottweil nach Ulm und die andere von Mainz über Cannstatt und Köngen nach der Donau. Ein allmählich immer weiter nach Norden gerückter Grenzwall, der obergermanische »Limes«, der sich schnurgerade durch unser Land zog, trennte das Imperium vom Gebiet der rätselhaften »Barbaren«. Es gibt kundige Limesforscher, die uns versichern, daß sie schon an der Art, wie ein schwäbisches Bauernmädel seinen Krug am Brunnen füllt und auf dem Kopf nach Hause trägt, zu erkennen vermögen, ob der Ort diesseits oder jenseits des Limes gelegen gewesen sei; noch heute präge sich die römische Form in der natürlichen Anmut jeder Geste aus. Trotzdem steht fest, daß von der römisch-gallischen Bevölkerung, die zweieinhalb Jahrhunderte hindurch sich hier der Pax Romana erfreuen durfte, bei der Eroberung des rechtsrheinischen Landes durch die Alemannen um das Jahr 260 nicht viel übriggeblieben ist. Diese Alemannen oder Sueven waren ein aus verschiedenen germanischen Völkerschaften gebildeter Stammesbund, der aus den Landstrichen an der unteren und mittleren Elbe, etwa der heutigen Mark Brandenburg, aufgebrochen war, um im Süden neuen Siedlungsraum zu erkämpfen. Sie überfluteten den römischen Grenzwall und eroberten nach wechselvollen Kämpfen das ganze rechtsrheinische Süddeutschland zwischen dem Bodensee und der Wetterau im Norden, die Römer hinter einen neuen Grenzwall auf dem linken Rheinufer und in den Voralpenländern zurückdrängend. Im Zuge ihrer kriegerischen Kolonisation durchbrachen die Alemannen um die Mitte des fünften Jahrhunderts auch diese letzte römische Verteidigungslinie und besetzten das südliche Rheinhessen, die Rheinpfalz, das Elsaß, die Ostschweiz und das Gebiet zwischen Iller und Lech.

Daraus folgt, daß nicht nur die Württemberger Schwaben sind, sondern ebenso die Vorarlberger, Schweizer, Elsässer und die Badener am Oberrhein. Verwirrung in diesen klar erwiesenen historischen Tatbestand kam zu Beginn des 19. Jahrhunderts durch Johann Peter Hebels »Alemannische Gedichte«; seither glaubten die Leute am Oberrhein, daß sie als die eigentlichen »Alemannen« etwas Besseres wären als die »Schwaben am Neckar«, und auch die Deutschschweizer, bei denen der Ausdruck »Schwob« seit ihrer Trennung vom Reich zum Schimpfwort sich gewandelt hatte, wollten an die ursprüngliche Zusammengehörigkeit nicht mehr erinnert werden. Die schriftlichen Urkunden aber erweisen unwiderleglich, daß Alemannen und Sueven einander gleichzusetzen sind, und zwar nannten die lateinisch redenden Nachbarn uns Alemannen, woraus dann im romanischen Sprachgebrauch die Bezeichnung für das ganze Deutschland sich bildete, während die »Barbaren«, nämlich die nicht lateinisch redenden Völker, uns Sueven (Schwaben) zu nennen beliebten. Schwäbisch oder alemannisch: das ist gehopft wie gesprungen.

Die Kernschwaben im heutigen Württemberg verstehen im übrigen ganz gut, daß die Badener drüben am Oberrhein und die Deutschschweizer nicht auch einfach schwäbisch sein wollen. Betrachtet man ihre kulturellen Leistungen unter dem gesamtdeutschen Aspekt, so stehen sie im Schatten der für die deutsche Geistesgeschichte produktiveren Württemberger; machen sie sich aber selbständig und postulieren sie beispielsweise eine sondertümliche badische oder deutschschweizerische Literaturgeschichte, wie das ja mit ganz respektablem Erfolg versucht worden ist, so läßt der dann geziemende bescheidenere Maßstab sie wenigstens vor sich selber bedeutender erscheinen. Diese Rivalität innerhalb des einen Stammes ist zweifellos gesund und Beweis für einen noch immer erstaunlichen Reichtum schöpferischer Kraft im weiten schwäbisch-alemannischen Raum.

Mehrere Jahrhunderte lang behaupteten die Alemannen in ihrem den Römern abgenommenen Gebiet die Führung unter den deutschen Stämmen. Um die Wende des fünften zum sechsten Jahrhundert begann dann die Auseinandersetzung mit den an ihrer Nordgrenze siedelnden Franken, die landhungrig nach Süden vorstießen. Es kam um das Jahr 496 zu einer großen Schlacht bei Zülpich südwestlich von Köln, in der die Alemannen vom Frankenkönig Chlodwig, dem Eroberer Galliens, aufs Haupt geschlagen wurden und die nördliche Hälfte ihres Reiches bis zu einer Linie südlich von Crailsheim quer durch das heutige Württemberg bis zur Hornisgrinde im Schwarzwald abtreten mußten. Zwar kam im späten Mittelalter ein Teil dieses Gebietes bis Heilbronn, Hall und Wimpfen zum hohenstaufischen Territorium und damit im weiteren Verlauf der Geschichte wieder zum schwäbischen Reichskreis; aber der fränkische Einschlag in Temperament und Mundart hat sich in diesem Gebietsstreifen bis auf den heutigen Tag erhalten. Es ist ein leichtlebigerer, keckerer Menschenschlag, der hier ins schwerblütigere, zähere Schwabentum eingesprengt ist.

22

Die schwäbische Geschichte wird dann erst wieder interessant, als nach der Jahrtausendwende die Staufer die schwäbische Herzogsgewalt an sich reißen. Der mächtige Bergkegel des Hohenstaufen im Zug der Schwäbischen Alb bei Göppingen ist nicht nur Württembergs, sondern Deutschlands ruhmvollster, sagenumwobenster Berg, ging doch von hier das Herrschergeschlecht aus, das dem deutschen Mittelalter, ja der Geschichte des Abendlandes damals Glanz und Macht und eine große Idee gab. Mit Friedrich von Büren (Wäschenbeuren) beginnt um die Mitte des 11. Jahrhunderts die Reihe der großen Staufergestalten, die, ein Jahrhundert später, in Friedrich Barbarossa ihre Klimax und, wieder ein Jahrhundert später, in Konradin, dem letzten der Herzöge von Schwaben, der 1268 bei dem Versuch, Sizilien zurückzuerobern, besiegt und in Neapel enthauptet wird, ihr tragisches Ende findet.

Wenn vom Hohenstaufen, dem heiligen Berg Schwabens, die Rede ist, muß auch sogleich des Hohenzollern gedacht werden, des anderen geschichtsberühmten Bergs der Schwäbischen Alb, von dem aus das Herrschergeschlecht der Zollern seinen Ausgang nahm. Die Zollern schieden sich im 13. Jahrhundert in eine schwäbische und eine fränkische Linie; der schwäbischen entstammen die Fürsten von Hohenzollern und der einstige König von Rumänien, der fränkischen das ehemalige preußische Königshaus, das den Großen Kurfürsten, den Alten Fritz und die drei letzten deutschen Kaiser zu den Seinen zählte.

Aber auch die anderen deutschen Herrschergeschlechter, die der abendländischen Geschichte auf viele Jahrhunderte hinaus ihren Sinn und ihr Gepräge gaben, stammten ausnahmslos aus dem alemannischen Raum: die Zähringer, die Habsburger, die Welfen ebenso wie jene Eidgenossen, die aus ihren freien landschaftlichen Bauernstaaten und kleinen Stadtstaaten einen gemeinvölkischen Volksstaat schufen. Der staatsbildende Trieb, die schöpferischen Ideen gesellschaftlicher Ordnung und politischer Macht hatten seit alters in diesem Raum ihre tiefsten Wurzeln.

Von dem Zusammenbruch der staufischen Herrlichkeit wurden die Schwaben ganz unmittelbar betroffen, denn aus ihrem schwäbischen Herzogtum hatten die Staufer bei ihrem weltweiten Machtstreben doch stets ihre beste Kraft gezogen. Was bisher königlich war, wurde nun reichsunmittelbar. Daher landauf, landab in Schwaben die vielen großen und kleinen einstigen Reichsstädte wie Ulm, Giengen, Gmünd, Eßlingen, Reutlingen, Rottweil, Hall, Heilbronn, Weil der Stadt, Biberach, Wangen, Leutkirch, Buchhorn (Friedrichshafen), Isny, Buchau, Aalen, Markgröningen und Weinsberg, zu denen auch einige Reichsdörfer und sogar einzelne reichsfreie Bauerngeschlechter kamen. Der selbstherrliche, nur auf die eigene Kraft sich verlassende Geist dieser ehemaligen Reichsstädter, der früh auch der Reformation sich öffnete, hat sich auf den verschiedensten Gebieten, nicht zuletzt auch im wirtschaftlichen Sektor, immer wieder aufs großartigste bewährt. Jene Freien Reichsstädte, zu mächtigen Bünden zusammengeschlossen, spielten während der nachstaufischen Jahrhunderte im durchaus nicht idealen Wettstreit mit den allmählich aufkommenden neuen Territorialherrschaften eine entscheidende politische Rolle.

Nach dem Untergang der Staufer wollte der Habsburger Rudolf das schwäbische Herzogtum seinem Hause botmäßig machen. Der Versuch scheiterte an dem kampfesmutigen Widerstand des Grafen Eberhard (des »Erlauchten«) von Württemberg, der sich am mittleren Neckar und an der Rems schon zuvor einen ansehnlichen Güterbestand zu erwerben verstanden hatte. Österreichisch blieb ein halbes Jahrtausend hindurch das oberschwäbische Land südlich der Donau, während im sogenannten Niederschwaben zwischen Alb und Neckar das württembergische Grafenhaus die Herrschaft in Händen hielt. Es waren im allgemeinen höchst streitbare und durchaus realpolitisch denkende Herren, diese württembergische Grafen, die ihren Namen von einer alten, längst abgegangenen Stammburg auf dem Rotenberg am Westrand des Schurwalds oberhalb der Dörfer Untertürkheim und Uhlbach herleiteten. Aus ihrer

Geschichte ist erwähnenswert, daß Eberhard IV. zu Beginn des 15. Jahrhunderts durch Heirat die Grafschaft Mömpelgard (Montbéliard), südlich von Belfort zwischen dem habsburgischen Sundgau und der Freigrafschaft Burgund gelegen, an sich brachte, die dann fast vier Jahrhunderte lang, bis zur Französischen Revolution, zum Hause Württemberg gehörte; ferner, daß 1442 zwischen Eberhards Söhnen eine Teilung des Landes in eine Uracher und eine Stuttgarter Linie geschah, die aber schon ein halbes Jahrhundert später klugerweise durch Eberhard im Bart im sogenannten Münsinger Vertrag 1482 wieder rückgängig gemacht wurde, wobei die Unteilbarkeit des Landes für alle Zeiten festgelegt und an Stelle der bisher gültigen privatrechtlichen Vererbung eine staatsrechtliche Erbfolgeordnung eingeführt wurde. Dieser Eberhard im Bart war auch sonst ein tüchtiger Mann und Wegbereiter des Humanismus im Lande; er machte eine Pilgerfahrt ins Heilige Land und gründete 1477 in der damals bedeutendsten Stadt seines Landesteils, nämlich in Tübingen, eine Universität, für die er sich beim Papst in Rom persönlich die erforderlichen Privilegien verschaffte. Wäre er fünf Jahre später an diesen Plan gegangen, so wäre die Universität zweifellos nach Stuttgart gekommen, das aber vor dem Münsinger Vertrag außerhalb des Machtbereiches dieses Eberhard lag.

Ende des 15. Jahrhunderts wurde Württemberg zum Herzogtum erhoben. Es kam aber sogleich zu einer gefährlichen Krise, die das Land auf anderthalb Jahrzehnte sogar in habsburgischen Besitz brachte. Der Herzog Ulrich, Sohn eines geisteskranken Vaters und daher erblich schwer belastet, war so verschwendungssüchtig und benahm sich so gewalttätig, daß die furchtbar drangsalierten Bauern revoltierten (»Der arme Konrad«). Als der jähzornige Mann dann auch noch seinen Stallmeister Hans von Hutten, dessen Ehefrau er für sich begehrte, kurzerhand erschlug und mitten im Landfrieden die Reichsstadt Reutlingen überfiel, verjagte ihn die mit den Städten im Schwäbischen Bund geeinte Ritterschaft und verkaufte das Land an Habsburg, das sich vor allem verpflichtet fühlte, die da und dort im Land aufkeimenden Sympathien für die Reformation durch terroristische Maßnahmen zu unterdrücken. Als fünfzehn Jahre später (1543) Herzog Ulrich mit Hilfe des Landgrafen von Hessen sein Württemberger Land zurückgewann, konnte die im Volk schon tief verwurzelte Reformation rasch durchgeführt werden. Für den Rechtssinn und Freiheitsdrang der Schwaben zeugt es, daß die Bauern und auch manche von der »Ehrbarkeit« und vom Adel hervorragend an jenem »Bundschuh« von 1525, dem großen Bauernkrieg, beteiligt waren, der vom alemannischen Boden aus, mit reformatorischem Geist erfüllt, zu schwelen begann und überall im Land, in Oberschwaben so gut wie in den einst fränkischen Gebieten für eine christliche Ordnung und die menschlichen Urrechte mit heiliger Leidenschaft ausgetragen wurde. Wie furchtbar die Erbitterung war, beweist das Blutgericht von Weinsberg, wo der wilde Jäcklein von Rohrbach mit seiner »schwarzen Hofmännin« von Böckingen die Ritter und ihre Reisigen durch die Spieße jagte. Aber noch grausamer, noch viehischer war die Rache, die der Truchseß Georg von Waldburg als oberster Feldhauptmann des Schwäbischen Bundes an den aufsässigen Bauern nahm; noch heute, nach Jahrhunderten steckt den Bauern in den vom Truchseß gebrandschatzten Gegenden der Schrecken vor jeder Art von Obrigkeit in allen Gliedern; sie wollen mit den Ämtern möglichst wenig zu schaffen haben.

Die Bauern hatten mit ihren Forderungen nach dem alten und nach dem göttlichen Recht eine blutige Abfuhr erlitten; als aktiver Stand neben dem Adel und dem Bürgertum hatte der Bauernstand für lange Zeit ausgespielt. Um so energischer trat in der Folgezeit das Bürgertum, in Württemberg verfassungsmäßig in der »Landschaft« vertreten, auf den Plan, wenn es galt, die Volksrechte und die seit alters verbrieften Volksfreiheiten gegen autokratische Willkür der Fürsten zu verteidigen. Und das war häufig genug der Fall, so als Herzog Friedrich I. (1593–1608), ein früher Vertreter absolutistischer Regierungsgewalt, sich mit Hilfe seines willfährigen Kanzlers Enzlin über die im Tübinger Vertrag festgelegte Landesverfassung hinwegzusetzen versuchte, was dann zur Enthauptung Enzlins unter Friedrichs Nachfolger führte. Nicht besser erging es dem Finanzminister Süß-Oppenheimer, der unter dem Herzog Carl Alexander (1733–1737) unter Verfassungsbruch gewaltige Summen für den polnischen Erbfolgekrieg aus dem Land herauszupressen versuchte: Er wurde hingerichtet, während sein Herzog, der überdies mit den Katholiken im Bunde war und die evangelische Glaubensfreiheit bedrohte, gleichzeitig auf mysteriöse Art ums Leben kam.

Schwer hatte Württemberg im Dreißigjährigen Krieg, als das Land nach der Nördlinger Schlacht von den österreichisch-spanischen Truppen besetzt wurde, und während der Raubkriege Ludwigs XIV. zu leiden, als durch Mélacs wildes Heer so manche blühende Stadt und so manche stolze Burg in Schutt und Asche gelegt wurden.

Als die interessanteste, freilich auch umstrittenste Gestalt der neueren württembergischen Geschichte hat Herzog Carl Eugen (1737–1793) zu gelten, dessen Nimbus trotz aller Drangsalierungen und Willküräkte bis heute beim Volk nicht verblaßt ist. Er ist der Herzog, der dem jungen Regimentsmedikus Friedrich Schiller nach der Publikation der »Räuber« das Dichten verbieten wollte, worauf dieser fahnenflüchtig wurde und lieber Hunger und Not in der Fremde auf sich nahm, als daß er weiterhin den despotischen Launen seines Herzogs sich gebeugt hätte. Wie dieser Duodeztyrann mit Dichtern zu verfahren beliebte, die vor seiner Allmacht nicht speichelleckerisch kuschten, konnte der junge Schiller am Beispiel des Dichters Schubart ersehen, der ohne förmliche Anklage und ohne Verhör zehn Jahre lang unter unmenschlichen Bedingungen auf dem Hohenasperg eingekerkert wurde. Wirtschaftlich kam das Land durch die Prunksucht und den nicht weniger größenwahnsinnigen militärischen Ehrgeiz des Herzogs bis an den Rand des Staatsbankrotts. Kulturell freilich hat das Land ihm viel zu verdanken: Er ist der Begründer der sogenannten Karlsakademie, in der so manche tüchtige Begabung ein gediegenes wissenschaftliches oder künstlerisches Rüstzeug erhielt, er ist ferner der Erbauer des neuen Stuttgarter Residenzschlosses, der Lustschlösser Solitude und Hohenheim und des hübschen Seeschlößchens Monrepos bei Ludwigsburg. All die bösen Erscheinungen, die den Absolutismus in Deutschland kennzeichneten, als da sind Ämterschacher, Menschenhandel für militärische Zwecke, Frondienste, Mätressenwirtschaft, waren auch Charakteristika der Herzog Karlschen Ära, wenigstens in ihrer ersten Hälfte. Dann gelang es den immer unerschrocken opponierenden Landständen endlich doch, auch diesen sultanischen Größenwahn in die Zwangsjacke zu stecken. König Friedrich von Preußen, einst der Ziehvater des württembergischen Herzogs, veranlaßte den Reichshofrat zum Einschreiten: Der Herzog mußte klein beigeben, seine theatralischen und militärischen Roi-Soleil-Allüren fahren lassen, seine Mätressen verabschieden und sich verpflichten, künftighin die nunmehr von Preußen, Großbritannien und Dänemark, also ganz international garantierten landständischen Verfassungsrechte der Württemberger zu respektieren. Der Herzog konzentrierte seinen Ehrgeiz dann auf seine weniger kostspieligen pädagogischen Experimente und auf landwirtschaftliche Reformen, wobei ihn seine letzte Mätresse, Franziska von Leutrum, die er sogar ehelichte, heilsam beeinflußte.

In den Stürmen der napoleonischen Zeit errang sich Württemberg, das dem Rheinbund beitrat, erst die Kurfürsten-, dann die Königswürde und schließlich das Gebiet, das zum heutigen Württemberg gehört; die Grafschaft Mömpelgard auf dem linken Rheinufer ging zwar verloren, dagegen kamen das bisher vorderösterreichische Oberschwaben dazu und mehrere Propsteien, Abteien und was noch an Reichsstädten innerhalb der Grenzen übriggeblieben war. Dafür mußten die Württemberger auf den russischen Schlachtfeldern, von wo nur einige hundert Mann des 16 000-Mann-Heers zurückkehrten, und in den Befreiungskriegen, wo sie auf verlorenem Posten gegen die Preußen und gegen die Österreicher im Felde standen, einen gewaltigen Blutzoll entrichten. Zum Dank dafür bot der höchst autokratische und durch eine ungewöhnliche Leibesfülle ausgezeichnete König Friedrich seinem Volk 1815 eine Verfassung an, die aber als reaktionär und dem »alten, guten Recht« widerstrebend von den Altwürttembergern zurückgewiesen wurde; erst unter des dicken Friedrichs Nachfolger, Wilhelm I. (1816–1864), kam 1819 eine Verfassung zustande, die Württemberg zu einer konstitutionellen Monarchie machte. Die Württemberger hatten, wie man merkt, mit ihren Fürsten viel Kummer durchzumachen.

In den folgenden Jahrzehnten war man in Württemberg lange unschlüssig, auf wessen Seite man sich schlagen sollte, ob man den Preußen oder den Österreichern zur Vormacht verhelfen sollte. Das Königshaus und die allgemeine Volksstimmung waren antipreußisch und nur eine dünne Schicht der Gebildeten propreußisch gesinnt; aber dem katholischen Österreich traute man auch nicht über den Weg. Immerhin war Württemberg an der Gründung des Deutschen Zollvereins, nicht zuletzt dank der propagandistischen Regsamkeit des Reutlingers Friedrich List, maßgeblich beteiligt und hat so, wenigstens auf handelspolitischem Gebiet, der Einigung Deutschlands den Weg bereitet. Aber als 1849 die Frankfurter Nationalversammlung, in die Württemberg einige seiner besten Köpfe entsandt hatte, so Uhland, Strauß, Vischer, sich für die Einheit unter Preußens Führung entschied, jagte König Wilhelm I. das nach Stuttgart geflüchtete Rumpfparlament, dem die preußischen und österreichischen Abgeordneten nicht mehr angehörten, mit Waffengewalt auseinander. Und bei der machtpolitischen Auseinandersetzung 1866 zwischen Preußen und Österreich stand Württemberg auf seiten des Deutschen Bundes und also Österreichs und holte sich bei Tauberbischofsheim eine blamable Niederlage, wofür es den Preußen acht Millionen Gulden Kriegsentschädigung zu bezahlen hatte. Gleichzeitig wurde zwischen Württemberg und Preußen ein geheimes Schutz- und Trutzbündnis abgeschlossen, durch das im Kriegsfall das württembergische Heer dem Oberbefehl des Königs von Preußen unterstellt werden sollte. Bei Ausbruch des Deutsch-Französischen Krieges im Jahre 1870 wurde aus diesem Bündnis dann zur Überraschung des dritten Napoleon die Konsequenz gezogen.

SCHWÄBISCHE ARBEIT

Es war Ludwig Thoma, der bayerische Dichter, der einmal erklärte: Die Eisenbahnfahrt von München nach Stuttgart führt nicht durch zwei deutsche Nachbarländer, sondern durch zwei verschiedene Welten, die sich bei Ulm an der Donau scheiden. Von München bis Ulm sieht's genau aus wie vor hundert und vielleicht auch vor fünfhundert Jahren. Von Ulm bis Stuttgart wandelt sich das Bild fast von Monat zu Monat. Dort schläft man, hier wacht und schafft man.

Ähnliches läßt sich beobachten, wenn man statt über die blauweißen über die gelbroten Grenzpfähle ins Badische hinüberschaut. Ehemals, zwei Jahrhunderte hindurch, wurden in den Tälern des badischen Schwarzwalds in fast allen Bauernhäusern Uhren gemacht, mit denen die »Jockele« in aller Welt hausieren gingen. Heute ist der badische Schwarzwald industriell verödet, während zwei württembergische Städtchen, die um die Mitte des vorigen Jahrhunderts noch kleine Nester waren, nämlich Schramberg und Schwenningen, sich innerhalb weniger Jahrzehnte zu den Brennpunkten der Weltuhrenfabrikation entwickelten.

Man hat unendlich viel darüber geschrieben, welchen schwäbischen Eigenschaften es zu verdanken ist, daß unser an den Urproduktionsstoffen Kohle und Eisen ganz armes Land, das auch keine bedeutenden eigenen Energiequellen besitzt und von Großschiffahrtswegen sowie den Hauptverkehrsstraßen abseits gelegen ist, zu einem der wichtigsten industriellen Exportgebiete Deutschlands werden konnte. Es folgt dann immer unvermeidlich eine Aufzählung von allerlei besonders schwäbischen Tugenden, was natürlich jedem rechten Schwaben im Herzen wohltut: Zähigkeit, Gründlichkeit, auch Dickköpfigkeit, unermüdlicher Fleiß, geistige Regsamkeit, Bastelfreude, angeborener Sinn für das Zweckvolle und durch und durch Gediegene.

Mit all dem hat es schon seine Richtigkeit. Nur ist mit solchen Allerweltstugenden eigentlich nicht viel bewiesen, da wohl jeder deutsche Volksstamm auf die nämlichen löblichen Abstrakta Anspruch erhebt, die Westfalen so gut wie die Hanseaten, von den Sachsen gar nicht erst zu reden. Wir sollten daher vielleicht doch versuchen, unsere Erfolge, auf die wir mit Recht sehr stolz sein dürfen, konkreter zu erklären, wie es sich überhaupt empfiehlt, das Eigenlob so individuell wie nur möglich auszudrücken.

Zunächst einmal hat sich unsere nicht zu bestreitende Armut an sogenannten Bodenschätzen, auf denen die Schwerindustrie beruht, und unsere weite Entfernung von den Stätten, wo Rohstoffe zu finden sind, von Anfang an als ein sehr heilsamer Zwang erwiesen. Jeder Lebenslauf eines Menschen, der es zu etwas gebracht, beweist doch immer wieder, daß einer seiner Kraft um so sicherer bewußt wird, je härtere Widerstände sich ihm entgegenstellen. Und was für den Einzelnen gilt, trifft genau ebenso auf einen Volksstamm zu, dessen Schicksal eben doch geopolitisch mitbestimmt ist. Unsere ganze württembergische Industrie ist nicht, wie anderwärts, aus günstigen Gelegenheiten heraus entstanden, sie ist ein Kind der Not. Sie ist nicht gegründet, nicht auf kapitalistischer Basis organisiert worden, weil kreditwürdige Vorbedingungen gegeben gewesen wären, sie ist vielmehr aus höchst individuellen, handwerklich bescheidenen Experimenten herausgewachsen, mit keinem andern Einsatz als dem der persönlichen Leistung.

Not, nackte, gemeine Lebensnot war die Triebfeder bei den Anfängen unserer industriellen Entwicklung. Man kann das jenen gar nicht so seltenen Zeitgenossen, die auch heute noch mit dem Begriff Industrie die sentimentale Vorstellung einer zerstörten ländlich-sittlichen Idylle verbinden, gar nicht deutlich genug sagen. Noch Wilhelm I., der sich als »König der Landwirtschaft« feiern ließ, konnte vor hundert Jahren behaupten, daß der Wohlstand Württembergs auf den Erzeugnissen seines Bodens beruhe. Aber dieser Wohlstand war derart, daß jahraus, jahrein Tausende von Landeskindern zur Auswanderung gezwungen waren, wenn sie nicht verhungern wollten. Auch das ist uns freilich wieder zugute gekommen, denn so mancher ist, nachdem er sich in der Welt umgeschaut hatte, heimgekehrt und hat seine Erfahrungen praktisch verwertet, wie beispielsweise jener Erhard Junghans, der Gründer der Schramberger Uhrenindustrie, der nicht auf der alten Schwarzwälder Handwerkstradition weiterbaute, sondern nach amerikanischem Vorbild die Maschine für die Uhrenfabrikation als erster in Deutschland nutzbar machte und damit eben die Uhrmacherei alten Schlags allmählich lahmlegte.

Nun war es selbstverständlich nicht so, daß jene Männer, die wir als die frühesten Pioniere der württembergischen Industrie kennen, an so etwas wie die Schaffung von Arbeitsgelegenheiten dachten. Soziale Gesichtspunkte spielten damals noch keine Rolle. Auch die weder sehr zahlreich noch mit besonderem Verstand unternommenen Versuche zu staatlicher Gewerbeförderung im herzoglichen und auch noch im königlichen Württemberg, wie beispielsweise die Gründung von Seidenwebereien, Tabakfabriken, Glashütten, Strohhutmachereien und Porzellanmanufakturen, hatten nicht in erster Linie den Zweck, den Überschuß an Arbeitskräften im Land zu beschäftigen, als vielmehr die öffentlichen Kassen möglichst bequem zu füllen. Diese Versuche sind, mit Ausnahme der Ludwigsburger Porzellanmanufaktur, die immerhin einige Jahrzehnte sich durchfristen konnte, alle kläglich gescheitert. Nicht besser wäre es den Privatunternehmern ergangen, wenn sie ebenso profitlich gedacht hätten.

Das aber taten sie wohlweislich nicht. Fast ausnahmslos waren die Ahnväter unserer heimischen Industrie von Haus aus kleine, bescheidene Handwerker, die zunächst kein anderes Ziel im Auge hatten, als sich recht und schlecht von ihrer Hände Arbeit zu ernähren. Ans Reichwerden dachte keiner. Die Erkenntnis, daß das, was sie machten, über den kleinen Kreis der lokalen Kundschaft hinaus Käufer finden könnte, kam fast stets überraschend. Trat aber der Erfolg ein, so wurde der Gewinn ins Geschäft gesteckt und der Betrieb langsam, vorsichtig, systematisch weiter ausgebaut.

Wie aber kamen diese ersten und eigentlich entscheidenden Erfolge zustande? Welchen besonderen Eigenschaften, welcher Gunst der Verhältnisse waren sie zu verdanken? Der Beginn unserer Industrialisierung fällt zeitlich, wie anderwärts auch, mit der Verkehrserleichterung durch die Eisenbahn und den Abbau der innerdeutschen Zollschranken zusammen. Vordem lebte jedes Städtlein und auch jedes Stäätlein gewissermaßen hinter einer Chinesischen Mauer. Was der eine machte, kümmerte den Nachbarn nicht. Jetzt aber war es unvermeidlich, daß die in ihrem abseitigen Winkel sitzenden Schwaben von der übrigen Welt entdeckt wurden und daß sie sich gleichzeitig selbst entdeckten, zu sich selbst Vertrauen gewannen. Es wurde offenbar, daß hier unten zwischen Bodensee und Main Leute lebten, die eine ganz ungewöhnliche handwerkliche Begabung besaßen. Diese gestaltende Kraft war natürlich immer schon vorhanden gewesen. Man sehe sich nur in unseren Kirchen um: Syrlins Chorgestühl im Ulmer Münster und – sagen wir einmal – ein Boschzünder oder eine Magirus-Feuerleiter, eine Voithsche Turbine, eine Hohnersche Mundharmonika sind im Grunde wesensgleiche Leistungen, Erzeugnisse desselben schöpferischen Werkgeistes. Gediegenes handwerkliches Können und eine höchst rege Phantasie, die man künstlerisch oder technisch nennen mag, sind in jener gotischen Bildschnitzerei genau so verkörpert wie in diesen modernen Industrieprodukten.

Das ist durchaus nicht nur eine schöne Phrase. Man wird hinter das Geheimnis der schwäbischen Industrieerfolge nur kommen, wenn man Kopfarbeit und Handarbeit, oder auch, wenn man Technisches und Künstlerisches nicht als zwei Paar Stiefel betrachtet. Das mag für andersgeartete Industrien, vor allem für die Schwerindustrie, zutreffen. Hier in Württemberg aber, in der Urheimat der Veredelungsindustrie, ist der Arbeiter niemals nur Handlanger. Man braucht nur zu fragen: Welcher schwäbische Industrielle hielte es für möglich, seine Fabrik in irgendein anderes Land zu verlegen und mit den dort beheimateten Arbeitern in Kürze die gleiche Leistung zu erzielen? Kaum einer wird ein solches Experiment leichten Herzens wagen. Auf jeden Fall keiner, der eine für unser Land typische Qualitäts- und Spezialitätenindustrie vertritt. Es spielen dabei eben doch irrationale Werte, die im Stammescharakter selbst begründet sind, eine entscheidende Rolle. Darum wäre es auch ein Streit um Kaisers Bart, wenn man sich den Kopf darüber zerbrechen wollte, was nun eigentlich bei der industriellen Entwicklung Württembergs den Ausschlag gegeben hat, der Weitblick und die Unternehmungslust der Industriegründer oder die Tüchtigkeit der Arbeiterschaft. Weder das eine noch das andere trifft zu. Vielmehr haben beide Teile, deren gegenseitiges Aufeinander-angewiesen-Sein vielleicht bei keiner anderen Industrie der Welt inniger war und ist als hier, gemeinsam durch Generationen hindurch die Sache geschafft. Hier fanden die Arbeitskräfte die wirtschaftlichen, technischen und organisatorischen Führer, die ihrer wert waren, und die Führer steckten sich weite Ziele, weil sie sich auf Mitarbeiter stützen konnten, die diese Ziele zu erreichen imstande waren.

Das ist auch der tiefere Grund, weshalb der anderswo so heftig klaffende Gegensatz zwischen Arbeitgeber und Arbeitnehmer hierzulande nie so unversöhnlich war. Die Beziehungen sind, bei aller Wahrung der gegenseitigen Interessen, nirgends ohne menschliche Wärme. Man hat ganz einfach Achtung voreinander. Die Fälle sind gar nicht so selten, wo der Chef eines heute Weltruf genießenden Werkes in jungen Jahren noch selbst am Amboß stand oder am Webstuhl saß und solcher Anfänge sich beileibe nicht schämt. Und auch, wo heute bereits die zweite oder dritte Generation an der Reihe ist, hat sich zumeist zwischen Betriebsleitung und Arbeiterschaft der alte Werkhütten- und Bauhüttengeist, der Geist einer auf Gedeih und Verderb zusammengeschlossenen Betriebsgemeinschaft lebendig erhalten. Der schwäbische Industrielle vom guten alten

Schlag steht noch heute zu seinen Leuten in einem gewissen patriarchalischen Verhältnis, er kennt nicht nur seine alten Stammarbeiter beim Namen, sondern kümmert sich auch um ihre persönlichen Angelegenheiten und bewährt sich oftmals als Freund in der Not; er ehrt in jedem Arbeiter den Mitarbeiter am gemeinsamen Werk, wie andererseits auch der schwäbische Arbeiter nicht einfach als Masse Mensch und Faktor für den Zahltag betrachtet werden möchte, sondern als eine Persönlichkeit, die für den guten Ruf der Ware sich mitverantwortlich fühlt. Über alle sozialen Spannungen hinaus hat der schwäbische Arbeiter in viel ausgeprägterem Maße als seine Kollegen im übrigen Deutschland seinen sehr bewußten Werkstolz: Er fühlt es als etwas Besonderes, beispielsweise Bosch-Arbeiter zu sein, für Mercedes-Benz zu schaffen oder zu Dick, Kienzle, Junghans, Bruckmann zu gehören. Der Weltruf solcher Firmen und Marken gibt auch dem letzten Arbeiter Selbstbewußtsein; er weiß, daß auch er zu seinem Teil an dem Erfolg mitgeholfen hat. Und er hat wahrhaftig ein wohlerworbenes Recht auf diesen moralischen Anteil. Nirgends in der Welt wird qualitativ höhere und vielseitigere Arbeit geleistet als in Württemberg. Für schundige, billige Ware, für eine volkswirtschaftlich fragwürdige Massenproduktion ist sich der schwäbische Unternehmer und der schwäbische Arbeiter zu gut. Er würde sich unbefriedigt fühlen, wenn es ihm nicht möglich gemacht würde, das Erzeugnis, das sich unter seinen Händen formt, irgendwie zu beseelen. Man behauptet zwar, daß die radikal durchgeführte Rationalisierung des Produktionsprozesses auch diesen letzten Rest von abendländischem Persönlichkeitsgeist im Arbeiter als unrationell auszumerzen im Begriffe sei. Aber das ist ein Irrtum. Noch ist der Mensch auch das Maß dessen, was die von ihm bediente Maschine leistet. Auch die vollautomatische Maschine bedarf der menschlichen Wartung, und je komplizierter der maschinelle Mechanismus, um so technisch verständnisvoller und konstruktiv gebildeter muß der Mann sein, der ein solches Wunderwerk zu betreuen hat. In den

Automatensälen, wie sie besonders in unseren metallverarbeitenden feinmechanischen Industriewerken zu finden sind, ist eigentlich jeder Arbeiter ein Ingenieur, der das Ineinanderwirken der verschiedenartigsten Maschinenelemente bis in die letzten Ursachen hinein zu beherrschen vermag. Ohne aufgeweckten Geist, ohne selbständiges Denken kann aber auch in allen anderen schwäbischen Produktionszweigen der Arbeiter den hohen Stand der geforderten Leistung nicht erreichen. Mag sein, daß anderswo der Arbeiter um so zufriedener ist, je weniger er in seinem Beruf zu denken braucht. Für den schwäbischen Arbeiter, dem das Grübeln und Basteln im Blute liegt, trifft gerade das Gegenteil zu. Und diese Gediegenheit, dieses gesunde Arbeitsethos wirkt sich, wenn auch kaum meßbar oder greifbar, in jedem Erzeugnis unserer Industrie aus und bestimmt seinen Charakter, der gerade deshalb nicht ohne weiteres zu kopieren ist.

Auf diesem, in unserem Stammescharakter zutiefst begründeten Arbeitsethos, in diesem Drang des Schwaben, das, was ihm zu tun obliegt, gern und mit dem Einsatz seiner ganzen Persönlichkeit zu tun, beruht der einzigartig hohe Standard der württembergischen Waren. Aber auch eine andere, spezifisch schwäbische Besonderheit ist bei alledem nicht außer acht zu lassen: Man kann sie praktische Phantasie nennen. In keiner Industrie irgendeines anderen Landes sind so viel originelle, teilweise sogar geniale Ideen verwirklicht wie bei uns. Nicht weniger als vierhundert verschiedene Spezialindustriezweige zählt bei uns die Statistik. Und dabei handelt es sich oft genug um Dinge, die zuerst nur bessere Allotria schienen, wie etwa die Steiffschen Teddybären oder die Hohnerschen Mundharmonikas, die dann von Württemberg aus zu einem Allerweltsbedürfnis geworden sind. Und zum andern um solche, besonders feinmechanische Artikel, mit deren technischer Lösung und fabrikatorischer Fertigung man anderwärts einfach nicht zu Schlag kam.

An den schon erwähnten Teddybären und an den Mundharmonikas läßt sich die schwäbische Bastelfreude, die unversehens weltumspannende Industriezweige schuf, besonders nett illustrieren. Die Geschichte der Margarete Steiff GmbH in Giengen an der Brenz liest sich fast so hübsch wie ein Märchen von Andersen. Da lebte nämlich in einem stillen Landstädtchen gegen Ende des vorigen Jahrhunderts eine arme Näherin, die an beiden Beinen gelähmt war. Sie war eine große Kinderfreundin, und da sie ans Zimmer gefesselt war, konnte sie ihren kleinen Freunden nur durch ihrer Hände Arbeit in ihren Mußestunden eine Freude bereiten. So schneiderte und stopfte sie aus Stoffresten kleine mollige Tierchen zusammen, Mäuschen, Entlein und schließlich sogar Elefanten als Geschenke für die Kinder ihrer Kundschaft und ihrer Verwandtschaft. Die Sachen gefielen, die Beschäftigung machte der beliebten Tante selbst mehr und mehr Spaß, von einer Filzfabrik des Städtchens konnte sie Abfälle zum Auspolstern erhalten, der Bruder, ein Bauwerkmeister, versuchte schließlich, die Tierchen bei den Spielwarenhändlern einzuführen, bald lag auch schon eine Bestellung aus Stuttgart auf eine ganze Schachtel von nicht weniger als zwanzig Stück vor, ein Berliner Geschäft wollte gleich hundert haben, eine Arbeiterin wurde zu der Näherin in die Stube gesetzt, um ihr bei den großen Aufträgen zu helfen. Und als eines Tags solch ein drolliger kleiner Steiffscher Bär dem damals höchst populären Rauhreiter und Bärenjäger Theodore Roosevelt, dem Präsidenten der USA, bei einem Bankett als Jux überreicht wurde, war dieses Spielzeugtierchen anderntags die Sensation Amerikas. Es kam zu einem Run auf »Teddy-Bären«, so benannt nach Theodore, alias Teddy Roosevelt. Woher stammte der kleine Bär? Aus Württemberg, aus einer kleinen Stadt, deren Namen die Amerikaner zum erstenmal hörten. Millionen solcher schwäbischer Teddybären in allen Größen wurden alsbald bestellt. Und sie wurden auch dank schwäbischer Organisationskunst prompt geliefert. Zwei Jahrzehnte später befehligte das gelähmte Fräulein ein Heer von mehreren tausend Mitarbeitern, die alle Hände voll zu tun hatten, um den Bedarf aus aller Herren Länder nach Steiffschen Stofftieren zu befriedigen. Im Rollwagen beaufsichtigte das alte Fräulein von morgens bis abends vierzehn Stunden täglich unermüdlich ihre immer mächtiger sich dehnende Fabrik, ließ sich auf besonders erstellten Brücken und Reitschnekken in ihrem Rollwagen von Abteilung zu Abteilung führen, verbesserte da und dort mit eigener Hand, ordnete an, paßte auf: Jedes Stück sollte auch bei der Massenherstellung so lustig und unverwüstlich sein, als hätte sie es selbst mit der Hand gefertigt.

Fast noch phantastischer ist die Geschichte der Mundharmonika, die auch von Württemberg aus ihren Siegeszug durch die Welt angetreten hat. Und zwar sollen die ersten, noch ganz primitiv zusammengebastelten Instrumentlein zuerst in Knittlingen bei Maulbronn entstanden sein, demselben Dörflein, wo der Sage nach der Doktor Johannes Faust zur Welt gekommen ist. Die eigentliche Heimat ist aber das Dörfchen Trossingen auf der rauhen Hochfläche der Baar, die als einer der ärmsten Landstriche des südlichen Deutschland zu gelten hat. Dort hat in den fünfziger Jahren des vorigen Jahrhunderts ein gelernter Uhrmacher namens Matthias Hohner sich aufs Mundharfenmachen verlegt. Es war keine leichte Arbeit; die Kanzellenhölzer mußten mit der Hand geschnitzt und die Luftkanäle säuberlich ausgefeilt werden; die Metallplättchen wurden, da geeigneteres Material fehlte, aus altem Zinngeschirr gegossen, die Stimmzungen aus rundem Messingdraht mühsam flach gehämmert und dann durch behutsame Feilstriche hinten und vorn auf die rechte Tonhöhe abgestimmt. Was jener Matthias Hohner so mühsam genug in den Wintermonaten zuwege brachte, verkaufte er im Sommer, selber hausierend von Dorf zu Dorf. Die »Uhrenjockele« des Schwarzwaldes, die ja seit alters gewohnt waren, mit ihren Traglasten voller Kuckucksuhren ganz Europa zu bereisen, nahmen als weiteren Artikel auch noch einige Hohnersche Mundharfen mit auf ihre Tour und sorgten so besser als jede moderne Reklame für ihre rasche Popularität. Wenige Jahrzehnte später war es dann so weit, daß dieser Matthias Hohner, der nicht nur ein genialer Techniker, sondern auch ein weitblikkender Kaufmann war, seinen Söhnen eine Fabrik übergeben konnte, in der viele tausend Arbeiter mit Hilfe von Maschinen, die er sich zum größten Teil selbst ausgedacht hatte, die mittlerweile zu Weltruf gelangten Harmonikas gleich zehntausendweise tagtäglich herstellten. So erwuchs in dem kleinen, weltverlorenen Baardorf eine unserer großartigsten Exportindustrien, die in Friedenszeiten rund 50 Millionen Instrumente aller Art, vom kleinsten Kinder-Mundhärflein bis zum kunstvollen konzertreifen Akkordeon, alljährlich in die Welt gehen läßt. Der Matrose, der wochen- und monatelang auf Fahrt ist, der Soldat, der Bauernbursch, der Senner auf der Alm haben ihre Harmonika so gut in der Tasche wie der australische Schafhirt, der neufundländische Fischer, der kanadische Cowboy, der indische Kuli oder der Sudanneger, der sie als Schmuck an einem Kettchen um den Hals trägt.

Nicht einfach das nachmachen, was andere zuvor schon gemacht haben, sondern selber etwas erfinden, etwas Neues auf den Markt bringen und das so gut machen, daß es lange konkurrenzlos bleibt, war die Maxime, die bei all den erstaunlichen Welterfolgen der schwäbischen Industrie zu allererst galt. Es ist eine stolze Maxime, die freilich nur der befolgen kann, dem auch tatsächlich etwas Gescheites einfällt und der auch die Energie und das Selbstvertrauen besitzt, um seine Idee zu verwirklichen. Bleibt freilich immer noch das letzte und fast größte Geheimnis, wie es gelang, für diese Waren von dem stillen Württemberg aus den großen Markt zu erobern. Wenn es wahr wäre, was man daheim und draußen über den Schwaben immer wieder zu hören bekommt, daß er weltungewandt sei, unbeholfen in seiner Rede und ohne leichte Anpassungsfähigkeit, so wäre er auch nicht imstande, seine Ware überall in der Welt an den Mann zu bringen. In Wahrheit ist der Schwabe nicht nur ein außerordentlich geschickter und einfallsreicher Arbeiter, sondern auch ein hervorragender Kaufmann, der seine Arbeit zwar nicht mit vielen, aber mit um so klügeren und vertrauenswürdigeren Worten anzupreisen versteht. Es gibt da eine Anekdote von einem schwäbischen Bauernbuben mit gewöhnlicher Volksschulbildung, dem Sohn eines Dorfschulmeisters, der sich in einer feinmechanischen Fabrik rasch vom Lehrling zum Verkäufer emporarbeitet und nach halbjähriger Tätigkeit in Amerika bei einer Ausstellung als derjenige Vertreter, der seine Ware am anschaulichsten und höflichsten – notabene in englischer Sprache! – zu erklären versteht, mit dem ersten Preis ausgezeichnet wird. Wir machen uns also ganz gewiß schlechter als wir sind, wenn wir manchmal gerne mit unserem Hinterwäldlertum kokettieren. Mit einem richtigen Berliner Mundwerk können und wollen wir freilich nicht konkurrieren. Dafür ist aber auch das Wenige, was wir sagen, um so klüger und hat, wie man sagt, auch immer Hand und Fuß.

SCHWÄBISCHE DICHTUNG

Wie die das frühe Abendland bewegenden politischen Ideen aus dem schwäbisch-alemannischen Raum erwuchsen, so hatte auch die frühmittelalterliche deutsche Kultur unter schwäbischem Himmel, nämlich an den Ufern des Bodensees, ihre weithin strahlenden Brennpunkte: In den Klöstern Sankt Gallen und auf der Reichenau bildeten sich um die Jahrtausendwende die Hochburgen nicht nur der Wissenschaft, sondern auch einer freilich noch volksfernen lateinischen Dichtung heraus.

Scheffels allbekannter und allbeliebter »Ekkehard« hat ja das poetische Treiben jener frühen Mönche im alten Herzogtum Schwaben in liebenswürdiger Weise volkstümlich gemacht. Aber neben jenem armen Klosterschüler Ekkehard, dem unglücklichen Lateinlehrer der schönen Frau Hadwig, der allerdings nicht selbst der Verfasser des Walthariliedes war, soll man auch den Reichenauer Abt Walafried Strabo (9. Jahrhundert) nicht ganz vergessen, dessen Lied vom Gartenbau und dessen Gelegenheitsverslein trotz des fremdsprachlichen Gewands geradezu von Mörikes Geist einen ersten Hauch vorwegnahmen.

Diese ganze lateinische Dichtung, in der Vergilscher und Horazischer Geist, freilich ohne den imperialen Hintergrund eines augustinischen Zeitalters, noch einmal lebendig wurden, hat freilich außer für den Forscher nie richtig gelebt und wird auch nie mehr lebendig werden. Auch von der höfischen Literatur der mittelhochdeutschen Sprachperiode, die bald schon als Wirkung der Kreuzzüge stark unter den Einfluß der französischen Romandichtung geriet, ist das meiste für den andersgearteten deutschen Geschmack schon bald nach der Entstehung unleidlich geworden. Von der schwäbischen Ritterschaft steht im übrigen eine stattliche Zahl in vorderster Reihe jener Minnesänger. Man nennt

Gottfried von Neuffen (von dem Berg auf der Schwäbischen Alb), Burkhard von Hohenfels (aus der Überlinger Gegend), den Oberschwaben Ulrich von Winterstetten und den noch ins 15. Jahrhundert reichenden Hugo von Montfort. Man kennt ihren gezierten, süßen Singsang, von dem Schiller später gestand, daß ihm in der Literatur nichts Langweiligeres bekannt geworden sei. Mit Stolz aber kann Schwaben darauf verweisen, daß auch einer der drei großen Epiker, die neben dem unbekannten Dichter des Nibelungenliedes dem ersten Jahrtausend deutscher Dichtung das Gepräge gaben, nämlich Hartmann von Aue (1177 bis 1220), von schwäbischem Geblüt war; es scheint festzustehen, daß der Dichter des »Armen Heinrich«, der noch immer ergreifenden Geschichte von der Wunderheilung eines Aussätzigen durch fromme Schicksalsergebenheit, aus Obernau bei Rottenburg am Neckar stammte. Und auch unter den im Gegensatz zu den höfischen Dichtern auf volkstümliche Wirkungen bedachten Schriftstellern, den Spruchdichtern jener Zeit, befindet sich mancher wackere Schwabe, der sich dauernden Ruhm erwarb; so namentlich Freidank, der wahrscheinlich unter einem Decknamen schreibende Verfasser der »Bescheidenheit«, und der aus der Ulmer Gegend stammende »Marner«, der Walter von der Vogelweide seinen Meister nannte. Mit dem Ende der Hohenstaufen, deren letzter Sproß Konradin trotz seiner sechzehn Jahre sich ebenfalls schon als Minnesänger betätigt hatte, verfiel auch die ritterliche Dichtung. Die Poesie flüchtete von den Höfen in die aufblühenden Städte, die ihr auf den Mysterienbühnen und später, seit der Mitte des 15. Jahrhunderts, in den zünftigen Meistersingerschulen ein Heim bereiteten. Die schwäbischen Reichsstädte, allen voran das handelsmächtige Augsburg, ferner Ulm, Eßlingen und Ravensburg begründeten eine feine, durchaus bodenständige und doch weltläufige Kultur.

Auch an der großen geistigen Bewegung, die um die Mitte des 15. Jahrhunderts einsetzt, dem von Italien, von Petrarca und Boccaccio ausgehenden Humanismus, und an den

gleichzeitig einsetzenden Kämpfen der Reformation haben die Schwaben führend mitgewirkt, gilt doch als das Haupt des älteren deutschen Humanismus der auch von Goethe mit großer Achtung genannte Johannes Reuchlin (geboren 1455 in Pforzheim), der kraft seines großen Rufs der neugegründeten Universität Tübingen rasch zu Bedeutung verhalf. Und auch die ursprünglichste Begabung unter den humanistischen Dramatikern, Nikodemus Frischlin, war ein Schwabe (geboren 1547 in Balingen); er war ein toller, unsteter Bursch, der sich neben seiner ausgedehnten wissenschaftlichen und dramatischen Schriftstellerei immer noch Zeit ließ zu heftigen Spott- und Schmähschriften und schließlich bei einem Fluchtversuch von der Feste Hohenurach sich auf dem Felsen das Genick brach. Als echter Vertreter der französischen Hofpoesie, wie sie der Renaissancegeschmack vorschrieb, ist auch noch der in Stuttgart 1584 geborene Georg Rudolf Weckherlin zu nennen, der als englischer Staatssekretär des Auswärtigen der unmittelbare Vorgänger des großen John Milton war. Uns näher steht da schon der unverfälscht schwäbische, mutterwitzige, durchaus barocke Ulrich Megerle aus Krähenheimstetten (1644–1709), der unter dem Namen Abraham a Sancta Clara den Wienern seine großartigen staatspolitischen und gegenreformatorischen Strafpredigten gehalten hat. »Dieser Pater Abraham ist ein prächtiges Original«, schreibt Schiller über ihn an Goethe, »und es ist eine interessante und keineswegs leichte Aufgabe, es ihm zugleich in der Tollheit wie in der Gescheitigkeit nach- oder gar zuvorzutun.«
Um die Mitte des 18. Jahrhunderts beginnt, wie im übrigen Deutschland, so auch in Schwaben eine neue Zeit der Dichtung. Es beginnt zunächst der für Deutsche immer besonders schwere Kampf gegen die Französelei, literaturgeschichtlich ausgedrückt, gegen die der deutschen Sprache fremde Versform des Alexandriners. Neben Klopstock und Lessing hat keiner wirkungsvoller und, möchte man sagen, diplomatischer gegen die Abhängigkeit vom Romanentum sich gewehrt als Christoph Martin Wieland. Dieser protestanti-

sche Pfarrerssohn aus der Biberacher Gegend war schon einer der merkwürdigsten Schwaben aller Zeiten. Es wohnten der Seelen nicht nur zwei in der Brust des heiteren Weltkindes, das die deutsche Dichtung aus den wolkigen Höhen schwülstig verstiegener Gefühle wieder in irdische Bezirke herunterholte. Als der geistreichste Verskünstler seiner Tage hat er auch den damals noch allmächtigen Teil der gebildeten deutschen Leser, die mit Friedrich von Preußen nur die französische Literatur goutierten, allmählich davon überzeugt, daß auch die deutsche Sprache als Instrument für den Ausdruck feinster Empfindung tauglich sei, wenn nur ein Meister sie zu handhaben verstehe. Er hat, nach Goethes schönem Wort, dem gesamten südlichen Deutschland und besonders Wien seine eigentliche poetische und prosaische Literatur geschaffen. Und er hat, was kein kleineres Verdient war, durch seine mit so natürlicher Grazie und so unbekümmert frivolem Spott vorgetragenen erotischen Keckheiten die muffige Prüderie überwunden, durch die dank dem Pietismus das geistige Leben in Deutschland so sehr stagnierte. Als geistvoller Sprachschöpfer, als der vollendetste Vertreter des deutschen Rokoko nimmt der Schwabe Wieland in der Geschichte des deutschen Geistes den hohen Rang eines Aufklärers ein, der eine Menge geradezu geheiligter Vorurteile mutig aus dem Weg räumte und so den Anschluß an die europäische Literatur sicherstellte.

Er war der früheste der großen Weimaraner. Drei Jahre vor Goethe war er als Erzieher des Prinzen Karl August dorthin berufen worden, wo er nun bis zu seinem Tode (1813) als Goethes Nachbar und guter Freund blieb. Man darf hier gleich eines anderen Schwaben gedenken, der für jeden Deutschen mit dem geheiligten Namen Weimar zusammengehört: Schillers. Auf ihn hat freilich die schwäbische Literaturgeschichte nur für die kurzen Jahre bis zu jener Septembernacht 1782 Anspruch, da der herzoglich-württembergische Regimentsmedikus mit seinem Freund, dem Musiker Andreas Streicher, aus der Heimat floh; von dem Tag an gehört er Deutschland und der Welt. »Die Räuber« sind, mit

Ausnahme seiner lyrischen Anfänge, das einzige Werk, das ihm in der Heimat gereift ist. Die ungeheuerliche revolutionäre Wucht, die unerhörte Übersteigerung jedes menschlichen Maßes in diesem genialen Erstling sind nur verständlich, wenn man die Bedingungen, unter denen sein Schöpfer lebte, sich klarmacht: Das Schicksal des jungen Schiller, wie der besten Schwaben jener Zeit überhaupt, ist durch den einen Namen des Herzogs Karl gezeichnet. Dieser kleine Despot hat auch den Sprößling seines Garteninspektors in seine ganz persönliche landesväterliche Zucht genommen und ihn in seiner Hohen Karlsschule nach einer zwar gutgemeinten, aber pädagogisch schrecklich rohen Schablone zurechtzustutzen versucht, bis dann der dämonische Selbstbestimmungsdrang des jungen Menschen die Drähte, die marionettenhaft seine Lebensschritte leiten sollten, mit weher Leidenschaft zerriß. Das sind ja wohl nur Äußerlichkeiten, die über das Wesen der Schillerschen Erscheinung nichts auszusagen vermögen. Aber sie bestimmten doch das Tempo seiner inneren Selbstbefreiung und dürfen daher als schwäbische Angelegenheit wichtig genommen werden. Im übrigen wäre es selbstverständlich vermessen, ein Werk wie das Schillers als Gewächs von besonders schwäbischer Eigenart nachweisen zu wollen. Er war Sohn und Bürger einer größeren, einer höheren Heimat.

Es ist erstaunlich festzustellen, wieviel von der Modeliteratur jener Zeit in die Hände des jungen, von der Außenwelt hermetisch abgeschlossenen Eleven Schiller geriet. Er kannte Klopstock und Herder, Lessing, Goethe und vor allem Rousseau und schwelgte mit heißem Herzen in Shakespeares Tragödien. Den unmittelbarsten Einfluß hatte auf ihn sein Landsmann Christian Daniel Schubart, den er noch kurz vor seiner Flucht als Gefangenen auf der Feste Hohenasperg besucht hatte. Dort lag dieser freiheitsdurstige, geniale Mann als Opfer seiner kecken, schlagfertigen Spottlust ein volles Jahrzehnt ohne Verhör auf des Herzogs Befehl im Kerker, bis er, der sowohl das Zeug zu einem hervorragenden Musiker wie zu einem Publizisten hohen Rangs, nicht

aber die Selbstzucht besaß, um je ein seiner Begabung
würdiges Werk reifen zu lassen, zum Dienst als Hofpoet
nach des Herzogs byzantinischem Geschmack brauchbar
war. Was Schubart auf dem Felde der modischen Kunstpoe-
sie geleistet, ist mit Recht vergessen worden; als Dichter
einfacher, schlichter Volkslieder aber, die von den Soldaten
des Alten Fritz am Lagerfeuer und von Handwerksburschen
auf der Landstraße gesungen wurden, ist er lebendig geblieben.

Mit dem jungen Goethe, mit Bürger und Hölty darf Schubart als der Ahnherr des deutschen Liedes gelten. Er ist
zugleich der erste in der langen Reihe schwäbischer Lyriker,
die der deutschen Literatur des 19. Jahrhunderts auf langen
Strecken einen feinen, inneren Glanz gaben. Gleich am
Beginn dieser Reihe adligster Gestalten ragt die unvergleich-
liche Gestalt des unglückseligen Friedrich Hölderlin empor,
der von den 73 Jahren seines Lebens nur einige wenige als
Dichter sich der Sonne freuen durfte und über ein
Menschenalter hindurch im Dämmer unheilbaren Wahn-
sinns dahinsiechen mußte. Er steht als einsamer Gast dieser
Erde, die ihm nichts zu schenken hatte als die Sehnsucht
nach einer fernen Heimat, die ihm Griechenland hieß, im
zauberhaften Kreise, in dem Goethe und Schiller wirkten. In
seinem Werk, das Torso bleiben sollte und dessen Ergrün-
dung erst unserer Zeit vorbehalten blieb, finden sich Stücke,
die die Vollendung deutschen Dichtens und Schwärmens
schon in sich selber tragen. Hölderlins Gedichte können,
literaturgeschichtlich betrachtet, als die nur ein einziges Mal
in dieser Reinheit erreichte Verschmelzung von klassischem
mit romantischem Geist gewertet werden. Der Romantik
erwuchsen in Schwaben frühzeitig zwei gewichtige Vorkämpfer in Justinus Kerner, den hauptsächlich seine
Beschäftigung mit Geistern aller Art (»Die Seherin von
Prevorst«) bekannt gemacht hat, und in Ludwig Uhland,
diesem männlichsten unserer Lyriker, dessen Bedeutung
über die literarische Romantik freilich weit hinausragt. Was
er im Sturmjahr 1848 in der Frankfurter Paulskirche für die

Zukunft eines demokratischen Deutschlands und was er als einer der Begründer der wissenschaftlichen Deutschkunde für unsere Kenntnis des mittelalterlichen Schrifttums geleistet hat, soll ihm nicht vergessen sein. Persönlichkeiten von seiner charaktervollen Gediegenheit sind schwäbisch bis in ihren innersten Kern hinein. Seite an Seite mit ihm, dem Sänger des »Guten Kameraden« und der »Kapelle«, steht in der Geschichte unserer Literatur sein Freund Gustav Schwab, dem wir einige unserer volkstümlichsten Balladen verdanken (»Das Gewitter«, »Der Reiter und der Bodensee«).

Den reinsten Ausklang nicht nur der schwäbischen, sondern der deutschen Romantik und zugleich ihre künstlerische Vollendung bringt dann das Schaffen Eduard Mörikes, den man als Lyriker mit gutem Recht im gleichen Atem mit Goethe nennt. Er fand wohl für das, was an schwäbischer Art das Liebenswerteste ist, den innigsten Ausdruck; in seinen Gedichten klingt die zarte Melodie unserer Landschaft, in seinen Idyllen und Erzählungen webt die naive Phantasie der Seele unseres Stammes, wirkt aber auch die feine Geistigkeit unserer Kultur am überlegensten sich aus.

Mörike ist nach jahrzehntelangem Verkanntsein eigentlich erst durch die Vertonungen Hugo Wolfs zur stillen Liebe der Deutschen geworden. Doch war den Besten seiner Zeit sein Adel nicht verborgen geblieben. Theodor Storm, Gottfried Keller und Moritz von Schwind hatten ihn freundschaftlich aus der Ferne verehrt. Am frühesten und begeistertsten aber hatte sein Landsmann Friedrich Th. Vischer seinen Ruhm verkündigt, so entgegengesetzt auch die Naturen der beiden waren: Mörike, der scheu in seine stille Welt versponnene Lyriker, Vischer, der bei allen politischen und kulturellen Zeitkämpfen in vorderster Linie kräftig um sich schlagende Fechter, bei dem künstlerische Neigungen und wissenschaftliche Fähigkeiten sich in seltener Stärke die Waage hielten. Sein von tiefsinnigem Humor durchsonnter Roman »Auch einer«, sein satirisches Heldengedicht vom »Alten Schartenmayer« zählen zu den urwüchsigsten Produkten schwäbischer Eigenbrötelei. Als Philosoph hat Vischer die große philosophische Tradition, die von seinen Landsleuten Schelling und Hegel geschaffen war, selbständig als Ästhetiker weitergebildet. Sein erster Weggenosse dabei war ebenfalls ein Schwabe, nämlich David Friedrich Strauß, dessen »Leben Jesu« einst im Mittelpunkt leidenschaftlicher religionsgeschichtlicher Kämpfe stand. Außerdem taten sich in jenen Jahrzehnten noch manche feine Schwabenköpfe der verschiedensten Bildung hervor: der geräuschvolle, pathetische Revolutionsdichter Georg Herwegh, die als Lyriker und Politiker bedeutenden Brüder Gustav und Paul Pfizer, der wackere, freisinnige Johannes Scherr, der mit Dunkelmännern jeden Schlags sich in derbem Stil auseinandersetzte, dann der Sänger der »Wacht am Rhein«, Max Schneckenburger, und der erbauliche Karl Gerok.

Am eigentümlichsten haben sich die Schwaben allzeit als Lyriker bewährt. Echtbürtige Erzählernaturen sind dagegen in unserem Stamm dünn gesät. Unser stärkstes Fabuliertalent war zweifellos Wilhelm Hauff; bedenkt man, was für ein reiches, bis auf den heutigen Tag frisch gebliebenes Werk er hinterließ, als der Tod dem erst Fünfundzwanzigjährigen die Feder aus der Hand nahm, so kann man über seine schöpferische Leichtigkeit, über die sprudelnde Fülle seiner Phantasie, seine kecke Beobachtungsgabe nicht genug staunen. Seine romatische Sage vom »Lichtenstein«, die »Phantasien im Bremer Ratskeller«, die »Mitteilungen aus den Memoiren des Satan«, seine vielen liebenswürdigen Novellen, seine hübschen Märchen werden immer zum besten und geschmackvollsten der deutschen Unterhaltungsliteratur zählen. Die heimatgeschichtliche Erzählung, die Hauff als Schüler Walter Scotts in Schwaben begründete, hat dann Hermann Kurz in seinen beiden Romanen aus der Zeit Herzog Karls, »Schillers Heimatjahre« und »Der Sonnenwirt«, zum Sieg geführt. Der düstere »Sonnenwirt«, der noch lange nicht seiner Bedeutung entsprechend bekannt und gewürdigt ist, hat als meisterhafte psychologische Darstellung eines Menschenschicksals, das mit tragischer Notwendigkeit auf die Bahn des Verbrechens gedrängt wird, außer Kleists »Michael Kohlhaas« kaum seinesgleichen in der deutschen Erzählungsliteratur. Hier wie auch in mehreren kürzeren Geschichten bewährte sich Kurz zugleich als Meister der Dorfgeschichte, einer Gattung, in der sich mit viel mehr äußerem Erfolg gleichzeitig Berthold Auerbach mit seinen allbekannten »Schwarzwälder Dorfgeschichten« hervortat.

In enger Verbindung mit der Dorfdichtung hat sich in Schwaben das mundartliche Schrifttum als kräftiger Seitentrieb entwickelt. Von den Klassikern unseres Dialektes, dem Prämonstratensermönch Sebastian Sailer (1714–1777), der ein barockes Genie in seiner Art war, und Karl Waitzmann (1767–1828), der auch das Derbste und die nicht eigentlich bäuerische Zote nicht verschmähte, bis auf die jüngsten Idylliker, die frisch drauflosdichten, wie ihnen der schwäbische Schnabel gewachsen ist, ist auf diesem Feld viel urwüchsiger Humor und auch viel Gemütvolles von echtem lyrischem Wert gewachsen.

In der zweiten Hälfte des 19. Jahrhunderts schien Württemberg auch kulturell zur Provinz herabzusinken. Die Lyriker Eduard Paulus und Karl Weitbrecht und selbst der zartsinnige J. G. Fischer drangen schon nicht mehr über die Grenzen ihrer Heimat hinaus. Einzig und allein Isolde Kurz, die Tochter des »Sonnenwirt«-Dichters, vertrat in den Jahrzehnten nach der Reichsgründung als Künstlerin hohen Ranges das Schwabentum in der Literatur; sie stand als Lyrikerin und Novellistin von bewußt klassischer Haltung in scharfem Gegensatz zu der naturalistischen Verödung jener Zeit. Als letzte große Erscheinung unserer provinziellen Literatur mag zuletzt noch der 1918 gestorbene Bauerndichter Christian Wagner-Warmbronn genannt sein, von dem einige Gedichte wahrscheinlich zu dem ewigen Besitz unserer deutschen Lyrik zu zählen sind. Über die Lebenden aber selbstverständlich: nil nisi bene!

DER SCHWARZWALD

In den altberühmten Schwarzwald, dieses größte deutsche Mittelgebirge, teilen sich Württemberg und Baden. Die größere und – wir müssen es neidlos anerkennen – schönere Hälfte gehört zu Baden, nämlich der Süden des Gebirges mit seinen höchsten, schon alpin anmutenden Erhebungen, dem Feldberg mit seinen fast 1500 Metern, dem Belchen, dem Blauen, dem Herzogenhorn, die auch die 1400-Meter-Grenze übersteigen. Hier im südlichen Hochschwarzwald, in dem Dreieck zwischen Basel, Waldshut und Freiburg, sind auch die so malerisch am Hang gelegenen, einzechten Bauernhöfe zu finden, die mit ihren uralten, immer wieder geflickten, tief herabgezogenen Strohdächern so charaktervoll und so trutzig in die stille, hier noch ganz urtümliche Welt schauen. Denn dieser 160 Kilometer lange Gebirgsstock, der im Durchschnitt 45 Kilometer breit ist und sich nach Norden zu verengend abflacht, türmt sich auf dem Urgestein Granit und Gneis und trägt auf seiner Kuppe den bunten Sandstein, der, im Gegensatz zum Kalkstein der Schwäbischen Alb, das Regenwasser nicht so rasch versickern läßt und daher den einzigartig schönen Wuchs der Tannen ermöglicht.

Württembergisch ist das nördliche Drittel des Waldgebirges, das in der Hornisgrinde und den Kniebishöhen (1163 Meter) seine bedeutendsten Kuppen hat. Drei Höhenzüge führen in Nord-Süd-Richtung über den Wald in seiner ganzen Länge und ermöglichen wunderschöne, über viele Tage sich erstreckende Wanderungen durch die majestätischen Wälder, an Kahlschlägen vorüber, die weite Fernblicke in die tief eingeschnittenen Täler und auf die tafelförmig sich schichtenden Höhen bieten, und über braune Hochmoore hinweg; da und dort blickt auch das rätselhafte Auge eines kleinen, weltvergessenen Sees aus der dunklen Tiefe eines steilen Trichters zu uns herauf, von Geistern geheimnisvoll umschwebt wie der sagenhafte Mummelsee in Eduard Mörikes Ballade.

Der Ostweg führt von Pforzheim, der schon den Römern bekannten nördlichen Eingangspforte, über Freudenstadt nach dem schweizerischen Grenzort Schaffhausen, der durch den Rheinfall allbekannt ist; der mittlere Weg mündet, ebenfalls über Freudenstadt, in Waldshut; der am Westrand entlang führende gipfelt auf dem Feldberg und endet in Basel. Von den Querverbindungen, die teilweise durch tief eingeschnittene Täler sich hinziehen und zu kunstvoll angelegten, uralten Paßstraßen sich hinaufwinden, sind die wichtigsten: die Straße dem Renchtal entlang von Straßburg über Freudenstadt ins Herz Württembergs nach Stuttgart; dann von Offenburg durchs Kinzigtal über Schramberg hinüber ins Tal des oberen Neckar nach Rottweil oder ins Donautal nach Villingen und Schwenningen; und die romantische Höllentalstraße, die der französische Revolutionsgeneral Moreau 1796 bei seinem berühmten Rückzug aus Bayern ins Elsaß benützte; sie führt über die Steig und durchs Wutachtal nach Donaueschingen. Ein technisches Kunstwerk von höchster Kühnheit der Planung ist die 1873 eröffnete Schwarzwaldbahn von Offenburg nach Singen, die zwischen Hornberg und St. Georgen in vielen Kehren und nicht weniger als 39 Tunnels aus dem Kinzigtal zur Wasserscheide zwischen Rhein und Donau emporklettert und sich dann ins Hegau und zum Bodensee niedersenkt; es ist wohl die romantischste, landschaftlich großartigste Bahnstrecke, die je in Deutschland gebaut wurde.

Der Wald bestimmt seit alters das Leben und die Existenz des hier angesiedelten Menschenschlags, von dem behauptet wird, daß er noch allein von der Urbevölkerung durch Flucht vor den Kelten und den Alemannen in diese Waldwildnis übriggeblieben sei. Ob das nun wahr ist oder nicht: Jedenfalls sind die rundschädligen, dunkelhaarigen, meist braunhäutigen Schwarzwälder, die sehr mißtrauisch sind und sich nicht leicht dem fremden Besucher aufschließen, ein Stamm für sich, der sich auch psychisch nicht ohne weiteres in die alemannische Umwelt eingliedern läßt.

Der Reichtum des Gebirges ist das Holz. Ehemals geschah die Ausfuhr durch Flößerei. Da wurden die gewaltigen Stämme über die Steilhänge donnernd und krachend zu Tal gelassen und in den Gewässern der Murg oder der Kinzig, der Nagold oder der Enz zu riesigen Flößen mit kunstgerechten Bindungen zusammengesetzt und zum Rhein oder neckarwärts gefahren. Berühmt waren seit dem Mittelalter die Hollandflöße, die bis 200 Meter lang und 30 Meter breit den Rhein hinunter bis zur Mündung fuhren; die Schwarzwaldtannen galten als das beste Schiffsbauholz und trugen so ihr Teil bei zu Hollands einstiger Seemacht und zu seinen kolonialen Erwerbungen. Im alten Tübingen war es ein Hauptspaß der Studenten, den aus dem Schwarzwald kommenden Flößern das »Jockele sperr!« zuzurufen.

Die Flößerei alten Stils hat längst aufgehört. Heute sind überall im Schwarzwald, besonders im nördlichen, württembergischen Teil, Sägewerke angesiedelt, die das Holz an Ort und Stelle verarbeiten; die Sägereibetriebe ziehen sich mit den dazugehörigen Wohnhütten oft kilometerlang in den Tälern hin. Sehr frühe aber haben sich die Schwarzwälder auch schon mit feineren Holzarbeiten, besonders mit Schnitzereien, befaßt, woraus dann die Anfänge der Schwarzwälder Uhrmacherei resultierten. Die ältesten Schwarzwälder Uhren waren ja ganz aus Holz gefertigt bis auf die Glasglocken, die aus den früher zahlreich im Wald betriebenen Glashütten stammten, und die Messingkettchen für die Gewichte. Zur Uhrmacherei gehörte die Schildmalerei für die Zifferblätter, wodurch dann wiederum die Möbelschreinerei befruchtet wurde: Bunt bemalte Kästen und Truhen waren seit je der besondere Stolz des Schwarzwälder Bauernhauses. Auch die Töpferei blühte einst und schuf außer den nützlichen Geschirren des Alltags als Besonderheit Kacheln für die Ofenwände mit lustigen oder besinnlichen Verschen und naiven Bildchen. Ein bis heute erhalten gebliebener Erwerbszweig ist die Strohflechterei, die wunderhübsche, vielfarbige Strohhüte, so hoch wie die alten Zylinder, ferner Strohschuhe und Handtaschen zu fertigen weiß.

Aber populärer als alle diese Erzeugnisse einer fingerfertigen und auch geschmackvollen Volkskunst ist doch der Schwarzwälder Kirsch geworden, das aus Wildkirschen gebrannte würzige, scharfe Wasser, das mit den Jahren und Jahrzehnten, wenn es in einem Fäßchen aus richtig gebeiztem Holz gelagert ist, immer milder und aromatischer mundet. Man sagt, die Schwarzwälder hätten einen Schluck Kirsch nach jeder Mahlzeit deshalb so sehr nötig, weil der geräuchte Speck, den sie gern zu ihrem Kraut essen, anders nicht verdaulich wäre. Die Behauptung freilich, daß die Schwarzwälder am Werktag Kraut mit Speck und am Sonntag zur Abwechslung Speck mit Kraut essen, ist eine neidige Verleumdung. So eintönig und so phantasielos ist die Schwarzwälder Küche nicht; auch dort weiß man, daß eine Sau nicht nur für den Speck brauchbar ist, und in den kleinen Backhäuschen, die zu jedem Bauernhof gehören, wird beileibe nicht nur das tägliche Brot gebacken.

Schon zur Römerzeit bekannt waren die Thermalquellen des Schwarzwalds, von denen die im milden Tal der Oos in Baden-Baden im 19. Jahrhundert weltberühmt geworden sind. Hier wie in dem intimeren und idyllischeren Badenweiler im südlichen Schwarzwald kehrt der Frühling mit fast tropischer Pracht zuerst in deutschen Landen ein. Im württembergischen Schwarzwald liegen die bescheideneren, aber nicht weniger wirksamen Badeorte Wildbad, Teinach, Liebenzell und einige kleinere Bäder um den Kniebis. Neben den Mineralquellen ist aber auch die Schwarzwaldluft für erholungsbedürftige Leute eine Wohltat. Kurbetrieb ist fast in jedem Städtchen und Dörfchen. In den letzten Jahrzehnten hat sich besonders Freudenstadt, der höchstgelegene Kurort des Schwarzwalds, beliebt zu machen verstanden.

Nebenstehend: Weil der Stadt

Weil der Stadt

Im Vorgelände des Schwarzwalds, im Tal der Würm, die sich von hier in nordwestlicher Richtung nach Pforzheim schlängelt, liegt die uralte einstige Reichsstadt Weil der Stadt. Ehemals am Schnittpunkt der beiden Straßen nach Pforzheim und Calw gelegen, führt sie schon seit dem Ende des Dreißigjährigen Krieges ein ruhiges Leben weitab vom modernen Verkehr. Das freundliche Städtchen, das noch heute in seinem Wappen stolz das S.P.Q.R. führt, hatte das Unglück, in den Tagen, da der Westfälische Frieden endlich für die deutschen Lande eingeläutet werden konnte, von den Franzosen noch zuguterletzt niedergebrannt und geplündert zu werden. Und zwar geschah das so gründlich, daß es Jahrzehnte dauerte, bis sich wieder ein gesundes städtisches Leben bilden konnte. Reichsbürger aus Weil zu sein, war damals gleichbedeutend mit Bettlertum und Heimatlosigkeit. Immer wieder wurde auf den Reichstagen über Hilfsaktionen für diese ärmste und am übelsten geschändete aller Reichsstädte verhandelt, ohne daß bei der Ohnmacht des Reichs viel für sie hätte geschehen können.

Dieser Lähmung jeder Initiative ist es zu verdanken, daß das mittelalterliche Stadtbild mit seinen Mauern, Türmen und Gräben ziemlich unverändert bis auf unsere Tage geblieben ist. Innerhalb dieser Mauern lebten vor und auch noch lange nach dem Dreißigjährigen Krieg durchschnittlich nicht mehr als 200 Bürger. Abends wurden die Tore geschlossen und die Schlüssel dem Bürgermeister in Verwahrung gegeben; da dieser aber keine Lust hatte, sich nächtlicherweile immer wecken zu lassen, ein Entgelt für besondere Torwächter aber nicht zur Verfügung stand, so hatte sich, wie ein alter Chronist vermeldet, der Brauch herausgestellt, die Schlüssel verläßlichen Bürgern, die in der Nähe der Tore wohnten, anzuvertrauen; sie sollten aber nur öffnen, »wenn jemand aus der Nachbarschaft die Hebamme oder den Barbier

Nebenstehend: Calw

57

braucht oder spät von einem Jahrmarkt heimkehrt, nicht aber, wenn einer toll und voll aus dem nächsten Flecken kommt und mit Gewalt hereingelassen werden will«.

Weil der Stadt hat zwei berühmte Söhne gehabt: Johannes Brenz, den Reformator (1499–1570), und Johannes Kepler, den Astronomen (1571–1630), dessen kleines Geburtshaus neben dem Rathaus noch erhalten ist. Beschaut man sich das stattliche Denkmal, das die Stadt dem großen Sohn auf dem Marktplatz errichtet hat, so mag man wohl daran denken, daß Kepler in den Jahren 1620 und 1621 seinen ganzen Einfluß aufzuwenden hatte, um seine in diesem Weil der Stadt als Hexe hochnotpeinlich angeklagte hochbetagte Mutter vor dem Scheiterhaufen zu retten. Denn bei den Hexenverfolgungen entfaltete die zuerst reformierte, dann um so fanatischer zum katholischen Glauben zurückgekehrte Stadt im 17. Jahrhundert einen traurigen Eifer. Länger und erbitterter als anderswo tobte der Konfessionsstreit hier fort.

Schön ist der weiträumige, von alten Giebelhäusern bestandene Marktplatz des Städtchens, dessen Schmalseite durch das auf Arkaden ruhende Rathaus beherrscht wird. Darüber thront die 1492 von Aberlin Jörg erbaute, machtvoll wirkende Stadtkirche zu Peter und Paul, deren zwei Osttürme, wie bei der vom gleichen Baumeister entworfenen Stuttgarter Stiftskirche, aus einem spätromanischen Bau übernommen sind, während der Westturm von Hans von Heimsheim erbaut ist: Der quadratische Unterbau, über dem sich, durch einen Kranz geschieden, das zweigeschossige, rückspringende Achteck erhebt, gibt der türmereichen Stadtsilhouette den charaktervollen Akzent.

Calw

Von Weil der Stadt führt die Bahn durch das fruchtbare »Gäu« nach dem uralten Städtchen Calw, das tief unten im engen Tal der Nagold zwischen Waldhängen gebaut ist.

Einst war das Grafengeschlecht derer von Calw, das den ganzen Nagold- und Würmgau seit den Zeiten Karls des Großen beherrschte, überaus mächtig; es starb aber im Hauptstamm schon im Jahr 1260 aus. Es müssen recht gewalttätige Herren gewesen sein, wie die um 1600 aufgedeckten Verließe zeigten, die unter der einstigen Grafenburg tief in den Berg eingegraben waren; darunter befand sich auch ein kesselförmiges Gewölbe, das so konstruiert war, daß die Gefangenen weder sitzen noch liegen, sondern nur stehen oder auf allen vieren kauern konnten, ein grausames Raffinement, das die Volksphantasie noch lange beschäftigt hat.

Es ist verwunderlich zu hören, daß das heute so stille, freilich noch immer sehr gewerbefleißige Städtchen einst Württembergs erste und bedeutendste Industrie- und Handelsstadt war. Das war im 17. und 18. Jahrhundert, als die Calwer Zeughandelskompagnie und die Holzhandelskompagnie Geschäfte mit allen europäischen Ländern tätigten. Der Theologe Johann Valentin Andreae, einer der württembergischen Kirchenväter, der eine Zeitlang in Calw als »Spezialist« amtete und eine Chronik von Calw verfaßte, hat um das Jahr 1630 festgestellt, daß die Calwer Tuchweber die württembergische Wollerzeugung eines ganzen Jahres in drei Monaten aufarbeiten können und daher auf Einfuhr von überall her angewiesen seien. Tatsächlich waren Calwer Handelsherren damals wirtschaftliche Potenzen, mit denen an den Börsen der Weltstädte gerechnet werden mußte, und entsprechend luxuriös soll auch das Leben der Stadt gewesen sein.

Was für ein tatkräftiger Menschenschlag in diesem Calw immer gelebt hat, erwies sich nach den zwei furchtbaren Katastrophen, die die Stadt im 17. Jahrhundert betroffen haben: An einem Septembertag des Jahres 1634 drangen die kroatischen und bayrischen Reiterscharen des Johann von Werth in die Stadt ein, plünderten, massakrierten die Einwohner und steckten um die Mitternacht die Stadt an allen vier Ecken in Brand; es sollen damals nicht mehr als vier

Häuser unversehrt erhalten geblieben sein. Ein halbes Jahrhundert später wurde die rasch und schöner wiederaufgebaute Stadt wiederum verwüstet und gebrandschatzt, diesmal von der Soldateska des französischen Generals Mélac, der zuvor das Kloster Hirsau verwüstet hatte. Mittelalterliche Gebäude sind daher in Calw nicht erhalten, nur der frühgotische Chor der Stadtkirche stammt noch aus dem 15. Jahrhundert. Eigenartig ist dann noch am buckeligen Marktplatz, von dem aus steile, enge Gäßchen zur Nagold hinabführen, das zum Teil auf das Jahr 1673 zurückgehende Rathaus mit Arkaden und einem Torbogen, unter dem hindurch der Weg zum Stadtgarten und zum Georgeneum führt, einer von einem Privatmann gestifteten öffentlichen Bibliothek. Das Wahrzeichen Calws, das alle Stürme und Brände überlebt hat, ist aber die kleine, um 1400 erbaute Nikolauskapelle, die auf einem über das Wasser vorgekragten Pfeiler der Nagoldbrücke erstellt ist, dem Heiligen zu Ehren, dem man die Macht zutraute, die tückischen Hochwasser zu sänftigen.

Zum Bild des sehr frühe schon und mit Leidenschaft protestantisch gewordenen Städtchens gehört auch der starke pietistische Einschlag, der sich zu Ende des 18. Jahrhunderts zu einer sektiererhaften, dezidiert kirchenfeindlichen Haltung steigerte, so daß eine Kommission von Kirchenmännern nach Calw entsandt werden mußte, die die aufständischen Geister dann wieder in den Schoß der orthodoxen Kirche zurückzuführen verstand. Das Organ dieser pietistischen Strömung ist die Calwer Verlagsgesellschaft, die erbauliche Schriften in allen Sprachen in alle Welt hinausgehen läßt. Der Vater des hier geborenen Dichters Hermann Hesse, der das Calwer Kleinstadtleben in seinem Roman »Unterm Rad« wunderhübsch geschildert hat, war einer der führenden Männer dieser frommen Verlagsarbeit.

Nebenstehend: Hirsau

Eine halbe Wegstunde von Calw nagoldabwärts trifft man in herrlichster landschaftlicher Umgebung auf die Ruinen des Klosters Hirsau. Mit Ausnahme des Heidelberger Schlosses ist das, was hier durch Mélac zerstört wurde, wohl die schwerste baukünstlerische Einbuße, die das südliche Deutschland damals erlitten hat. Das ehemalige Benediktinerkloster, dessen Bauschule im 12. Jahrhundert neben der von Cluny europäische Geltung hatte, besaß auf diesem waldigen Hügel über dem Fluß zwei Kirchen, deren eine die gewaltigen Ausmaße von etwa 100 Meter Länge bei einer Breite von etwa 35 Meter hatte. Es war also einer der großartigsten Kirchenbauten der romanischen Zeit. Heute ist nur noch ein riesiges Trümmerfeld vorhanden, aus dem ein einzelner schlanker, wunderschön gegliederter viereckiger Turm, der sogenannte Eulenturm, noch emporragt, der letzte der ursprünglich wohl acht Türme, die die beiden, hier nebeneinander errichteten Kirchen einst schmückten. Doch wollen wir nicht verkennen, daß nach dem Abzug der Franzosen noch manches hätte gerettet werden können, wenn nicht die nächsten Jahrhunderte ohne jedes Verständnis für die architektonischen Herrlichkeiten, die hier aufs schwerste bedroht waren, die noch erhaltenen Gemäuer den Elementen preisgegeben und schließlich gar als bequemen Steinbruch ausgenutzt hätten. Auch ein herzogliches Jagdschloß stand hier, ein wunderschöner Renaissancebau Georg Beers, des Erbauers des Neuen Lustschlosses in Stuttgart, aus dem Jahr 1586, aus dessen Ruine die von Ludwig Uhland besungene, alljährlich frisch sich begrünende Ulme wie ein Symbol für den Sieg der Natur über alles Menschengebilde ihre gewaltigen Äste breitet.

Südlich von Calw ragt hoch über dem Nagoldtal die kühn auf den höchsten Felsen gesetzte Burgruine des Zavelstein empor. Dicht dabei liegt das Städtchen gleichen Namens,

Nebenstehend: Zavelstein

das mit seinen 270 Einwohnern das kleinste aller schwäbischen Städtchen ist. Eine Freude aller Botaniker ist hier um die Osterzeit eine Krokuswiese: Sie ist die einzige Stelle, wo in Süddeutschland der Gebirgssafran wild wächst; man nimmt an, daß er aus dem einstigen Küchengarten einer Gräfin von Calw, die auf dem Zavelstein residierte, ausgewandert ist. Unten in einem engen Seitental der Nagold liegt das kleine Bad Teinach mit mehreren Mineralquellen, ein idyllisches Erholungsplätzchen mit hübschen biedermeierlichen Badehäusern.

Wildbad

Durch einen hohen, breiten Gebirgszug von Calw getrennt, liegt in einem tief eingeschnittenen Tal der Enz Württembergs berühmtester Badeort: Wildbad. Ob schon die Römer, wie die Sage will, hier ihre Wunden und Gebrechen heilten und ihre gichtigen Glieder zu kurieren versuchten, ist nicht mehr auszumachen. Gewiß ist aber, daß die warmen, aus dem Urgestein des Granit entspringenden Quellen, die genau Körpertemperatur haben, seit dem 14. Jahrhundert um ihrer Heilkraft willen von Fürstlichkeiten wie von einfachen Bürgersleuten trotz zumeist strapaziöser Reisewege mit Eifer aufgesucht wurden. Wie bei fast allen warmen Quellen, ist auch die Geschichte des Wildbads mit einer hübschen Tierlegende verknüpft, und zwar soll ein angeschossener Eber hier seine Wunden ausgespült und so die Jäger auf die Naturwunder aufmerksam gemacht haben. Volkstümlich geworden ist durch Ludwig Uhlands Ballade »Der Überfall im Wildbad« die nette Historie, daß Graf Eberhard der Greiner hier beim Baden von seinen Todfeinden, den Schleglern, einem revoltierenden Adelsbund, überfallen und durch einen Hirten auf geheimen Waldpfaden nach Calw und auf den Zavelstein in Sicherheit gebracht worden sei, eine Anekdote, die die treue Anhänglichkeit des Volks an sein Fürstenhaus zu illustrieren geeignet schien, den Grafen selbst aber, der ein großer Raufbold vor dem Herrn war, in nicht gerade heroischem Lichte zeigt. Im übrigen ist die wackere Tat des Hirten die Wildbader teuer zu stehen gekommen: Die um ihr Opfer geprellten Schlegler brannten zur Strafe später das Städtchen nieder, ohne daß ihm der Graf zu Hilfe gekommen wäre. Dieses Schicksal ist dem Wildbad im Laufe der Jahrhunderte noch ganze sechsmal passiert. Aber da die Quellen gar so wunderkräftig waren, wurde die Stadt jedesmal rasch und jedesmal wieder schöner aufgebaut. Alte Gebäude sind in dem auf der schmalen Talsohle sich lang hinziehenden Städtchen deshalb nicht zu entdecken. Um so reizvoller sind einige schlichte Badegebäude, die aus dem 18. und aus der ersten Hälfte des 19. Jahrhunderts stammen. Prächtige Anlagen der Enz entlang und eine Seilbahn auf den 750 Meter hohen Sommerberg, von dem aus eine mehrere Kilometer lange Rodelbahn ihren Ausgang nimmt, sind Annehmlichkeiten der Bäderstadt, die sich im übrigen von nicht kurgemäßen »Attraktionen« freizuhalten verstanden hat. Nach Wildbad geht man nicht des Amüsements wegen, sondern weil man es nötig hat.

Freudenstadt

Im Gegensatz zu allen anderen Schwarzwaldstädtchen liegt Freudenstadt nicht in einem Tal, sondern hoch oben auf der Wasserscheide zwischen Rhein und Neckar, und ist mit ihren 750 Metern über dem Meeresspiegel die höchstgelegene württembergische Kreisstadt. Sie ist denn auch keine eigentliche »gewachsene« Stadt, sondern verdankt ihre Gründung einer fürstlichen Laune. Drei Gründe bestimmten den Herzog Friedrich im Jahre 1599, auf diesem waldigen Höhenrücken eine Siedlung anzulegen: Einmal sollte hier eine Festung errichtet werden, die drei Schwarzwaldübergänge zugleich sperren konnte; zum anderen sollte österreichischen und steiermärkischen Protestanten, die den Drangsalen der Gegenreformation glaubensstark entflohen waren, ein Asyl geboten werden; und weiterhin sollten diese Emigranten, die zum Teil aus ihrer Heimat Bergwerkserfahrungen mitbrachten, die unten im Forbachtal seit alters betriebenen Silber- und Kupferbergwerke endlich in Schwung bringen. Die Hoffnung auf das Bergwerksglück schlug allerdings fehl. Zwar konnten im Verlauf der Jahre etliche Silbertaler aus dem in Christophstal geschürften Silber geschlagen werden, aber das war ein kostspieliges Vergnügen: Die Unkosten waren höher als der Kurswert. Auch aus der Festungsanlage ist nichts geworden; wohl wurden Jahrzehnte nach der Gründung die alten, einst steckengebliebenen Pläne wieder hervorgeholt und Wälle und Gräben und Tore in großem Ausmaß angelegt; aber noch bevor das Werk vollendet war, stellten – nach einem Regierungswechsel – die Sachverständigen fest, daß der ganze Plan veraltet sei. Das Unternehmen wurde also abgeblasen, die Mauern abgebrochen und die Gräben wieder eingeebnet. Es gibt eben nichts Problematischeres als Festungsanlagen.

Trotzdem waren die 2500 Morgen Wald für die neue Stadt von den Österreichern nicht vergeblich gerodet worden. Der Ort gedieh auch ohne Bergwerk und ohne Festung erstaunlich rasch. Der von dem großen Schickhardt nach dem Muster eines Mühleziehbretts entworfene Plan sah als Mittelpunkt einen fünf Hektar großen Marktplatz vor, dessen ungeheure, jedes Raumgefühls spottende Weite durch ein pompöses Herzogsschloß im Schnittpunkt der Diagonalen ihre Rechtfertigung erhalten sollte. Das Schloß ist leider nie gebaut worden. Einige Brunnen, die später über den riesigen Platz verteilt wurden, konnten den Raum nicht gliedern. Jetzt stehen das Postamt und einige andere kleine Gebäude völlig verloren in dem riesigen Quadrat, dessen säumende Häuser einheitlich mit rundbogigen Arkaden ausgestattet sind, so daß man also in Freudenstadt stundenlang auch bei Regen im Trockenen spazierengehen kann. In die vier Ecken sollten, das war ein drolliger Einfall des Herzogs

Nebenstehend: Freudenstadt

Friedrich, monumentale öffentliche Gebäude in Winkelhakenform erstellt werden, und zwar Kirche, Rathaus, Kaufhaus und Spital. Am lustigsten macht sich das bei der Kirche, deren zwei gleich große Schiffe also rechtwinklig zusammenstoßen, mit je einem Turm am Ende jedes Schiffes. Das ergab dann die Möglichkeit, die Männer und die Frauen in der Kirche getrennt zu placieren, so daß sie sich gegenseitig nicht sehen können. Man behauptet, daß diese Isolierung der Geschlechter die Andacht fördere.

Auch die Freudenstadt, die zunächst Friedrichsstadt hieß, war nicht immer eine Stätte der Freude. Schon anderthalb Jahrzehnte nach der Gründung brach die Pest aus, der die Hälfte der Einwohner zum Opfer fiel, und 1634 gab der berüchtigte Johann von Werth ebenso wie in Calw auch hier mit seinen wilden Husaren ein Gastspiel: »Die Häuser wurden eingeäschert, die Einwohner ohne Unterschied des Standes, Geschlechts und Alters niedergesäbelt, so daß die Stadt ganz abzugehen schien, indem sie über Jahr und Tag öd und verlassen stund«, wie ein Chronist uns berichtet. Nur die Kirche wurde gerettet, und auch der Pfarrer, den die Kroaten schon an einem Strick zum Kirchturmfenster heraushängten, kam dank dem mutigen Dazwischentreten eines bayrischen Kapuziners mit dem Leben davon. Die Stadt hat als Anerkennung für diese Tat christlicher Nächstenliebe eine Stiftung errichtet, der zufolge jeder durchreisende Kapuziner in alle Zukunft drei Tage lang auf Kosten der Stadt fürstlich bewirtet werden sollte; doch meldet der Chronist, daß nicht gar viele Kapuziner damals im Schwarzwald unterwegs gewesen seien.

Heute nun ist Freudenstadt der am meisten besuchte Höhenluftkurort des Schwarzwalds. Ohne die natürliche Gunst heißer Quellen und ohne eine alte Tradition hat sich die rührige Stadt um ihrer klimatischen Vorzüge willen und nicht zuletzt auch wegen ihrer vorzüglichen Gasthöfe Weltruf zu verschaffen gewußt. Für die verschiedenen körperli-

Nebenstehend: Bussen

chen Leiden und seelischen Unstimmigkeiten und für alle Rekonvaleszenten, die durch eine Bäderkur anderwärts geschwächt sind, ist die Freudenstädter Luft und die ruhevolle Stille seiner Wälder eine Wohltat. Die Nervösen werden hier wieder gelassen, die Melancholiker fassen wieder Mut, wem nichts mehr mundet, verspürt hier plötzlich wieder Appetit, und auch der Bleichsüchtigste und Blutärmste sieht bald schon gebräunt aus wie die Holzhauer in den Wäldern. Hier lebt man naturnah und trotzdem nicht ohne Komfort.

OBERSCHWABEN UND DER BODENSEE

Es sind zwei verschiedene Welten, die durch die junge Donau voneinander getrennt werden. Von Norden her flacht sich der Gebirgszug der Rauhen Alb allmählich nach dem Fluß zu ab; südlich davon dehnt sich in sanft bewegten Hügelwellen eine freundliche Hochebene, aus der in einsamer Größe der Bussen, der heilige Berg Oberschwabens, emporragt. Auf diesem einst von zwei Burgen gekrönten Berg war oftmals Karl der Große zu Gast, der sich von hier seine Gemahlin Hildegard, die Schwester des Grafen Gerold vom Bussen, heimholte, die ihm das Leben zu einem Garten der Holdseligkeit gemacht haben soll. Ist nördlich der Donau, wenn man etwa durch das Filstal und über die Geislinger Steige sich der alten Reichsstadt Ulm nähert, der Blick über die tiefen Taleinschnitte stets eng begrenzt, so entfaltet sich nun plötzlich, sobald wir das silberne Band der Donau vor uns sehen, das Land in strahlender Weite, an hellsichtigen Tagen im Süden durch die weithinschimmernde Kette der Alpen märchenhaft gesäumt. Bis hierher drangen die Gletschermassen der Alpen in der Eiszeit; drunten beim Bodensee lagerten sich die Schuttmassen der Moränen, die jetzt von Waldschöpfen und grünen Matten in lebhaftem Rhythmus bekrönt sind. Hier ist überall viel Wasser: Flüsse, die zur Donau oder zum Bodensee fließen, Weiher, Teiche, Seen, die langsam durch Verlandung erblinden, Moore, Riede, aus denen an den Abenden die dicken weißen Nebel steigen. Es ist die hellste, strahlendste Landschaft des deutschen Südens, großzügig und in schutzloser Offenheit der Sonne und den Winden sich bietend; es ist zugleich aber auch ein schwermütiges Stück Natur, wenn die trägen, schwarzbraunen Gewässer, mit Röhricht bestanden, durch die Torfbrüche und die stillen, trügerischen Moore streichen, seltsames Wassergeflügel seine klagenden und warnenden Rufe ertönen läßt und Erlkönige mit wunderschönen, verführerisch lockenden Töchtern tanzend über den Wassern zu schweben scheinen. Dieses Oberschwaben gehört seit den napoleonischen Tagen zu Württemberg. Bis dahin war das ganze Gebiet südlich der Donau, von den Reichsstädten abgesehen, österreichischer Besitz. Das ist noch heute unverkennbar. Die zwiebelförmigen Kirchturmhauben, typisch für das gegenreformatorische Barock, sind überall am Horizont zu sehen. Das Land ist, wie alles was lang genug habsburgisch war, gut katholisch. Bedeutende, einst überaus reiche Klöster sind an allen landschaftlich bevorzugten Stellen anzutreffen, und üppige Schlösser, wehrhaft auf die Hügel gesetzt und doch der landschaftlichen Eigenart charaktervoll sich einordnend, zeigen an, daß stolze Adelsgeschlechter hier zu herrschen und auch zu genießen wußten.

Der moderne Verkehr hat dieses ganze Gebiet ein wenig abseits liegen gelassen. Ehedem aber war das anders. Da zog mitten durch das vorderösterreichische Land eine der großen europäischen Handelsstraßen, die von Italien über die Alpen, dann die Donau bei Ulm und die Alb überquerend bis nach Flandern führte. Es ist kein Zufall, daß beispielsweise die »Große Ravensburger Gesellschaft«, die im 15. und 16. Jahrhundert blühte, ihren Handel mit Leinwand und Barchent und ihre Geldgeschäfte über ganz Europa ausdehnte und eigene Häuser in Mailand und Genua, in

Mittel- und Unteritalien sowie in den Niederlanden unterhielt. Und die Reichsstadt Ulm, die im Wettbewerb mit Augsburg Jahrhunderte hindurch die Brücke bildete zwischen der Adria und der Nordsee, hatte während ihrer wirtschaftlichen Blütezeit eigene, von überallher besuchte Messen und war dafür bekannt, daß sie die Handelsstraßen, die aus den vier Himmelsrichtungen nach der Donaustadt führten, gegen alle ritterschaftlichen und anderen Schnapphähne mit ihren wehrhaften Knechten besonders gut zu sichern wußte.

Ulm an der Donau

Es ist unter den alten Städten des Schwabenlands die schönste und die an großen geschichtlichen Zeugnissen reichste. Die Inselbildung an der Donau, die das Übersetzen über den Strom erleichterte, war der naturgegebene Anlaß für die Gründung eines festen Orts; der nordische Ausdruck »Holm« für »Insel« soll den sonst kaum erklärlichen Namen gegeben haben. Hier war einst die Grenze des Alemannenreiches, hier errichteten die Franken, Nachfolger der Alemannen, einen königlichen Wirtschaftshof. Später wurde der Brückenkopf der Hauptort des hohenstaufisch-schwäbischen Herzogtums, wo die Wacht gegen die Welfen in Oberschwaben, gegen die Zähringer im Südwesten, gegen die Bayern im Südosten gehalten wurde, allerdings nicht immer mit Erfolg, denn im 12. Jahrhundert überfielen einmal die Welfen von Ravensburg aus den Ort und zerstörten die Brücke. Auch in den späteren Jahrhunderten hat sich Ulm als Bundes- und Reichsfestung oft als ein durchaus nicht unüberwindliches Kampfziel erwiesen.
Im späten 12. Jahrhundert wurde die einstige Königspfalz dann zur Reichsstadt erhoben und tat sich schon bald als das Zentrum des mächtigen Schwäbischen Städtebundes

Nebenstehend: Ulm

hervor. Bezeichnend für den kriegerischen Geist der alten Ulmer ist eine nette Anekdote aus dem Jahr 1376: Damals belagerte Kaiser Karl IV. diesen Ort des Städtebundes, der sich weigerte, die für die Königswahl des Kaisersohnes aufgewendeten Bestechungsgelder sich steuerlich abpressen zu lassen. Im Gefolge des Kaisers war auch seine Gemahlin Elisabeth, eine Herzogstochter aus Pommern, die im Ruf einer gewaltigen Athletin stand. Die Ulmer machten sich nun einen Spaß daraus, dem erschröcklichen Mannweib das Zelt über dem Kopfe weg zu rauben und als Beutestück in ihre Stadt zu schleppen. Auch der Kaiser erreichte nichts. Ulm hielt stand und behielt seine guten Dukaten für sich.

Im 14. Jahrhundert stand Ulm auf der Höhe seiner reichsstädtischen Macht. Es hatte den größten Besitz an Städten und Dörfern unter fast allen Reichsstädten. In jener Zeit begannen die Ulmer, ihr schönes und stattliches Rathaus zu bauen, dessen gotischer Teil neben dem renaissancistischen aus der ersten Hälfte des 16. Jahrhunderts noch heute erhalten ist: ein stolzes Denkmal bürgerlicher Macht und Wohlhabenheit. Damals reifte auch der Plan zum Bau der größten Kirche, die die abendländische Christenheit des Mittelalters kannte. Welch Hochgefühl muß die Bürgerschaft beseelt haben und für wie festgegründet müssen sie ihre weltlichen Mittel gehalten haben, daß sie auch die kommenden Generationen auf ein solches Bauwerk als das Sinnbild ihrer Ehrfurcht vor dem Ewigen zu verpflichten wagten! Im Jahre 1377 wurde mit dem Bau begonnen, 1392 der Grundstein gelegt zum Westturm, der am Ende des 15. Jahrhunderts bis zu einer Höhe von 70 Metern emporgetrieben wurde, aber von Anfang an mehr als doppelt so hoch projektiert war. Das Mittelschiff, das die gewaltige Höhe von 42 Metern erreicht und die Rekordlänge von 123 Metern besitzt, war 1741 vollendet. Anfang des 16. Jahrhunderts kam das gigantische Bauunternehmen dann infolge der Reformation ins Stocken und schließlich ganz zum

Nebenstehend: Zwiefalten

Erliegen. Nur ein innerlich völlig geeintes Bürgertum hatte das Werk schaffen, ein weltanschaulich gespaltenes es nicht vollenden können. Erst das romantisch restaurierende Deutschland des 19. Jahrhunderts hat es dann, in Verkennung des nicht künstlich wieder zu belebenden Geistes der Gotik, für seine pietätvolle Pflicht gehalten, das nicht ohne tiefe Gründe steckengebliebene Werk zu einem äußerlichen Abschluß zu bringen. So wurden von strebsamen historisierenden Baumeistern zwischen 1844 und 1890 die beiden Osttürme und der Westturm unter Zugrundelegung der ursprünglichen Pläne ausgebaut, nicht ohne daß bei dem 161 Meter hohen Westturm, dem höchsten Kirchturm der Welt, ein nicht gerade christlich zu nennender Rekordwahn zur Einschaltung eines baulichen Zwischenglieds geführt hatte, so daß der gleichzeitig ausgebaute Kölner Dom um ganze fünf Meter übertroffen werden konnte; der Obelisk in Washington freilich mit seinen 168 Metern überragt auch das Ulmer Wunderwerk.

Generationen schwäbischer Baukünstler haben an dem Münster, das nach seiner Rangstellung nur eine gewöhnliche Pfarrkirche ist, geplant und gebaut. Die ersten Entwürfe gehen auf Glieder der damals weltberühmten Gmünder Architektenfamilie der Parler zurück, deren Meisterzeichen (ein Winkelhaken) auf einer Platte des ältesten Bauteils gefunden wurde.

Nach ihnen ist die Sippe des Ulrich von Ensingen, der gleichzeitig auch als Nachfolger Erwin von Steinbachs die Fassade des Straßburger Münsters gestaltete, in drei Generationen entscheidend am Werk beteiligt gewesen; 1454 wurden unter ihrer Leitung die Glocken in den Westturm gehängt und 1471 die Gewölbe des Mittelschiffs geschlossen. Vollendet wurde das Turm-Viereck und das darüber sich erhebende Achteck von Matthäus Böblinger, von dem auch der ein halbes Jahrtausend später ausgeführte Entwurf für den Turmhelm stammt. Während des Baues am Achteck zeigten sich aber dann plötzlich Brüche und Risse im Mittelschiff, wodurch der ganze, gar zu kühn in die Höhe

gestreckte Westturm bedroht schien. Man berief also eine
Kommission von 28 Sachverständigen, die eine Teilung der
Seitenschiffe und eine Verstärkung der Turmbasis veranlaß-
ten. Nachdem diese Sicherungsarbeiten unter Burkard
Engelberg ausgeführt waren, wurde der Bau 1529 einge-
stellt. Er bot Raum für insgesamt 29 000 Personen; die Stadt
zählte damals mit Kind und Kegel höchstens 20 000 Einwohner.
Dieses kolossale Münster war ein Werk des reichen Ulm,
das im 15. Jahrhundert seine wirtschaftliche Blüte erlebte.
Damals war der Spruch in ganz Deutschland geflügelt:

Augsburger Pracht,
Venediger Macht,
Nürnberger Witz,
Straßburger Geschütz
und Ulmer Geld
regieren die Welt.

Wie üppig es in Ulm um die Mitte jenes Jahrhunderts
zuging, erzählt uns ein Chronist, der einem Turnier auf dem
Fronhof im Jahr 1458 beiwohnte: Da ritten die Patrizier auf
prachtvoll geschirrten milchweißen Hengsten einher, in
Gewänder gekleidet, die von Gold und Silber nur so strotz-
ten, während bei den Frauen die Haare, die Busen und die
Hände mit Perlen und Brillanten überdeckt waren. Nicht
weniger als 15 Kirchen, 40 Kapellen, 12 Klöster und 13
Klosterhöfe machten aus der Reichsstadt, wie der Chronist
sagt, ein rechtes »Mönchsäckerlein«. Das Fundament dieses
Reichtums war die schon 1397 beschworene Verfassung, die
in ihrer wahrhaft demokratischen Grundhaltung einzigartig
in ganz Deutschland dastand unter allen Stadtverfassungen
des Mittelalters; sie räumte allen Bürgern ohne Ansehen der
Person und des Standes weitesten Spielraum für freie Betäti-
gung ein und beließ doch dem nicht mehr privilegierten
Patriziat seine traditionelle Führungsrolle.
Die schlimme Wende trat zur Reformationszeit ein, als

gleichzeitig auch durch die Entdeckung des Seewegs nach Ostindien der Handelsverkehr andere Straßen fand und Ulm sozusagen über Nacht im toten Winkel liegenblieb. Merkwürdig geringen Widerstand hat in dieser einst so mönchsfreudigen Stadt die alte Kirche gegen den andringenden neuen Glauben geleistet; fast kampflos räumten die Franziskaner und Dominikaner das Feld, als sich 1530 die Bürgerschaft unter der Führung des Bürgermeisters Konrad Besserer mit großer Mehrheit für das Luthertum entschied. Zunächst freilich mußte die Bürgerschaft ihr reformatorisches Bekenntnis schwer büßen, denn Karl V. war nicht der Mann, der diesen Abfall gleichgültig hinnahm. Er übte im Schmalkaldischen Krieg grimmige Rache und zwang der Stadt 1548 auch eine aristokratische Verfassung auf, die der Willkür des Patriziats Tür und Tor öffnete und Armut und Vergewaltigung zur Folge hatte. Schlimm erging es der Stadt auch im Dreißigjährigen Krieg, als während einer zehnmonatigen Belagerung nach der Nördlinger Schlacht 14 000 Bürger an Seuchen und Hunger starben. Die immer erneuerten, höchst kostspieligen Bemühungen um Modernisierung der Festungsanlagen konnten auch im Spanischen Erbfolgekrieg nicht verhindern, daß die Stadt 1702 von den Bayern aufs brutalste gebrandschatzt und zwei Jahre lang unter schwersten Bedrückungen besetzt gehalten wurde, wie ihr auch in den Franzosenkriegen zwischen 1796 und 1814 abwechslungsweise durch Kaiserliche und durch Franzosen übel mitgespielt wurde. So kam es schließlich 1805 zu der kampflosen Übergabe der »Reichsfestung«, in der 30 000 Österreicher zerniert waren, durch den General Mack an Napoleon, der sogleich die Fortifikationen demolieren ließ. Mit einer Schuldenlast von 15 Millionen Gulden kam die Stadt schließlich durch einen Machtspruch Napoleons zuerst an Bayern und bald darauf an Württemberg und führt seither, nachdem weitere Versuche, diese Donaubastion wieder als Reichsfestung auszubauen, aufgegeben worden waren, das Leben einer ruhigen, aber wieder sehr gewerbefleißigen Landstadt, die sich ihrer großen Vergangenheit im

Bild des Münsters und der vielen herrlichen städtebaulichen Denkmale mit wieder frischem Wagemut erfreut. Die einst hochgerühmten Ulmer Spezialitäten, als da sind das gute Bier, die leckeren Spargeln, das Zuckerbrot, die silberbeschlagenen Pfeifenköpfe und vor allem natürlich der unsterbliche Ulmer Spatz, lustiges Sinnbild der sich selbst verulkenden Pfiffigkeit, haben an Popularität in Schwaben noch nichts eingebüßt.

Die fünf Donaustädte

Im freundlichen Tal der jungen Donau südwestlich von Ulm liegen einige schmucke Städtlein, die seit alters zu Österreich gehörten, den Kern des sogenannten Vorderösterreich bildeten, und als »die fünf Donaustädte« zu einem besonderen Verwaltungsbezirk mit einem eigenen Landtag zusammengefaßt waren. Genau besehen, liegen nur drei davon an der Donau selbst, nämlich Ehingen, Munderkingen und Riedlingen, während die zwei anderen, Saulgau und Waldsee, sich vom Strom abseits halten. Es sind stille Landstädtchen, von denen das gleiche gilt wie von den guten Weibern: daß sie um so ehrbarer sind, je weniger man von ihnen redet. Diese Städtchen, die keine verbrieften Reichsfreiheiten besaßen und daher nicht darauf angewiesen waren, so etwas wie eine eigene politische Initiative zu entfalten, haben allesamt viele Kirchen und Klöster und zumeist auch ein stattliches Schloß aufzuweisen. Es waren fromme, kleine Residenzen, in denen man traditionell ein gutes Leben führte und ohne große Kämpfe oder soziale Nöte einen behäbigen Unterhalt in anspruchslosem bürgerlichen Stil gesichert wußte. Stellte man sich mit der Schloßherrschaft gut und wußte man sich mit den Mönchen zu vertragen, so konnte einem nichts Schlimmes passieren. In die Welthändel waren sie nie verwickelt, die Kriege zogen an ihnen, die nicht an den breiten Verkehrsstraßen lagen, fernab vorbei, es gab keine Brandschatzungen und keine Einäscherungen, und auch in die

Wirrnis der großen Glaubensspaltung wurden sie nicht hineingerissen: Sie blieben der alten Kirche ohne Wanken treu. Zum Lohn dafür wurden in der Zeit nach dem Dreißigjährigen Krieg, als die Gegenreformation über reiche Mittel verfügte, die düsteren gotischen Gotteshäuser dieser Städte im daseinsfrohen Barockstil modernisiert.

Die größte und gewerbereichste der fünf Städte ist Ehingen, wo früher einmal für die damals knapp 2000 Einwohner nicht weniger als zwölf Kirchen zur Verfügung standen. Zwei große Brände, an denen aber nicht die Kriegsfackel die Schuld trug, haben im 17. und 18. Jahrhundert große Teile des Städtchens eingeäschert, so daß es sich heute leider in ziemlich neuzeitlichem Gewande darbietet. Doch sind die drei noch nicht profanierten Kirchen und einige Klosterhöfe bemerkenswert genug, um die große Bautradition der Gegend spüren zu lassen.

Die kleinste der Städte ist Munderkingen, reizend auf einer Landzunge gelegen, die von der Donau umspült wird. Munderkingen besitzt einen der stattlichsten schwäbischen Pfarrhöfe, der großartig und prächtig mit seinen geschweiften Giebeln und seinem keck auf die Stadtmauer gesetzten Gartenhäuschen das Stadtbild beherrscht: ein geradezu fürstlicher Sitz für einen schlichten Mann Gottes, erbaut um das Jahr 1700 durch das Kloster Obermarchtal, das hier zugleich ein Gasthaus unterhielt, denn die Gastfreundlichkeit stand allenthalben in hoher Blüte.

Flußaufwärts, auf sanft ansteigendem Hang über der Donau, ist Riedlingen zu finden, einst Sitz eines Kapuziner- und Nonnenklosters; von seinen fünf Kirchen ist nur noch eine vorhanden, die aus gotischer Zeit stammt, dann verzopft und zuletzt noch neugotisch umgebaut wurde, wobei begreiflicherweise nicht gar viel Sehenswertes übrigblieb. Abseits der Donau liegen Saulgau, das wegen seiner vielen Hexenprozesse im 17. und 18. Jahrhundert als das »Hexenstädtle« in ganz Oberschwaben berüchtigt war, und noch weiter südwestlich Waldsee, am Fuß eines Moränehügels zwischen zwei Seen gebettet. Die zwei übereck gestellten

Kuppeltürme der spätgotischen Stiftskirche sind weithin sichtbar das Wahrzeichen der idyllischen Landschaft. Selbstverständlich fehlt auch hier ein überaus stattliches Schloß der Waldburger nicht.

Aber das Schönste, was die Gegend zu bieten hat, findet sich außerhalb der kleinen Städte. Es ist das alte Kloster Zwiefalten im Seitental der Aach, das Jahrhunderte hindurch eine der reichsten Benediktinerabteien im deutschen Süden war. Die Klosterkirche mit ihren zwei schlanken Türmen, auf die elegant geschweifte Hauben gestülpt sind, gehört zu den prunkvollsten Kirchenschöpfungen des 18. Jahrhunderts. Berauschender, betäubender ist die Symphonie von Licht und Farbe und Linie, musikalischer ein Raum nie komponiert worden. Es ist ein Werk des berühmten Münchners J. M. Fischer, dem wir ja auch die Wunderwerke von Ottobeuren und Dießen verdanken und der, wie seine Münchner Grabtafel aufweist, in bayerischen und schwäbischen Landen nicht weniger als 32 Kirchen und 23 Klöster gebaut hat. Der Zwiefaltener Kirchenraum, der uns schon hier auf Erden den Himmel der Seligen hervorzuzaubern bestimmt ist und dieses phantastische Programm in einem alle irdische Schwere überwindenden Gesamtkunstwerk auch mit unerhörter Virtuosität verwirklicht, ist nicht so sehr ein Raum der Andacht und der Gottversunkenheit, als vielmehr eine himmlische Schaubühne, ein Theatrum coeli: Die roten Säulengruppen, aus vergoldeten Basen emporsteigend und in goldenen Kapitellen endigend, schieben sich gegen den Chor kulissenartig zusammen, alle Blicke auf den Hochaltar in zwingender Perspektive hinlenkend. Und darüber tut sich der Himmel auf: Maria als Königin, von ihren Engeln und ihren Heiligen umgeben, schaut hoheitsvoll aus dem Deckengemälde herab. Blickt man genauer hin, so konstatiert man, daß der Maler sich manchmal den Spaß erlaubt, aus der Fläche der Illusion auszubrechen und etwa einem gemalten Engel ein plastisch in den Raum ragendes Bein anzuhängen: eine Souveränität des Gestaltens, die jeder Gesetzlichkeit spottet. Es ist der heiterste und festlichste

Raum, der je geschaffen wurde, um Gott zu dienen; es muß ein Vergnügen und eine Lust sein, hier zu beten und zu beichten und nebenbei den kleinen drolligen Putten zuzuschauen, die im Chorgestühl und auch sonst überall ihr übermütiges Spiel treiben.

Zwischen Ehingen und Riedlingen, da, wo die Lauter von der Alb herab in die Donau fließt, liegt auf prominentem Hügel der anderen Uferseite das alte, einst fürstliche Prämonstratenser-Reichsstift Obermarchtal, in dessen dazugehörigem Dorf die Bauernhäuser teilweise heute noch nach Heiligen benannt sind. Auch hier war ursprünglich, wie in Zwiefalten, gleichzeitig ein Nonnenkloster etabliert gewesen, das aber schon 1273 aufgehoben werden mußte. Die Worte, mit denen der damalige Abt den Beschluß begründete, sind so erfrischend unhöflich, daß sie wert sind, über die Jahrhunderte hinweg wieder einmal zitiert zu werden; sie lauten: »Weil die Schalkheit der Weibsleut alle anderen Leichtfertigkeiten übertrifft und kein Zorn über Weibszorn geht, und weil wir gefunden, daß das Ottern- und Drachengift noch gelinder und heilbarer für den Menschen ist als der vertraute Umgang mit Weibsleuten, so haben wir beschlossen, sowohl für die Wohlfahrt der Seelen als der Leiber und unserer Güter künftighin Sorge zu tragen, wollend, daß wir übrigens keine von den Schwestern mehr zur Vermehrung unseres Verderbens aufnehmen, sondern dieselben als vergiftete Wesen abweisen.« Sie müssen sich nett aufgeführt haben, diese Marchtaler Nonnen. Befreit von dem verderblichen Umgang mit den vergifteten Wesen ist das Kloster dann tatsächlich rasch aufgeblüht, hat zehn Pfarrdörfer unter seinen Machtbereich gebracht und um das Jahr 1500 über 100 000 Gulden jährliches Einkommen nachweisen können, worauf es zur gefürsteten Reichsabtei erhoben wurde, eine Ehre und ein Privileg, wie sie nach höchst unchristlichen Maßstäben nur einem mit irdischen Gütern reich gesegneten Kloster zuteil werden konnten. Die Ende

Nebenstehend: Altshausen

des 17. Jahrhunderts erbaute Klosterkirche, deren zwei Türme übrigens sogleich nach Fertigstellung wegen schlechter Fundamentierung wieder eingestürzt waren, so daß sie ein zweites Mal gemauert werden mußten, und die von 1700 bis 1770 erstellten Klostergebäude sind denn auch mit fürstlicher Pracht aufs großartigste ausgestattet, ohne nach außen hin den Reichtum erkennen zu lassen. Der Ruf, daß man als Gast der Obermarchtaler nicht nur seelisch, sondern auch leiblich besonders gut aufgehoben sei, war auch nach Wien gedrungen, so daß man für die Brautfahrt der Marie Antoinette und ihres 500 Personen umfassenden Gefolges im Jahr 1770 kein geeigneteres Absteigequartier wußte als dieses Kloster. Bei dem Besuch wurde der später so unglücklichen Königin von Frankreich eine Kantate »Beste Gesinnungen schwäbischer Herzen« vorgesungen, in der vier »Untertanen vom Bauernstande« in derbstem oberschwäbischem Dialekt ihre Huldigung darbrachten, nicht ohne sich über die Frondienste mit devotestem Respekt bitter zu beklagen. Der Verfasser dieser Kantate war der Obermarchtaler Kapitular Sebastian Sailer, ein berühmter Kanzelredner und sehr gelehrter Theologe, der sich gelegentlich den Spaß machte, von ihm selbst gedichtete himmlische und weltliche Komödien in schwäbischer Mundart an den Sonntagnachmittagen den Bauern im Wirtshaus vorzudeklamieren und zur Lautenbegleitung selbst vorzusingen. Er ist der große Ahnherr der schwäbischen Mundartpoesie, die einen originelleren Vertreter nie mehr gehabt hat.

Ein nicht weniger großartiges Leben, wenn auch nicht in ebenso frommem Stil, dürfte in dem kleinen Altshausen zwischen Saulgau und Waldsee geherrscht haben, wo sieben Jahrhunderte hindurch die Landkomture der Ballei Elsaß und Lothringen des Deutschordens, also mächtige und reiche Herren, die ebenfalls im Rang von Fürstbischöfen und Reichsgrafen standen, ihren Sitz hatten. Entsprechend prachtvoll ist das palastartige Renaissanceschloß, mit dem

Nebenstehend: Ochsenhausen

85

auch noch ein Reithaus, ein veritables kleines Theater, ein Sommerpavillon und ein von Bagnato erbautes Jagdschloß mit großem Park als architektonische Einheit zusammengefaßt sind: eine richtige kleine Residenz im Stil des absolutistischen 18. Jahrhunderts in verwunschener Einsamkeit.

Das wichtigste aller Klöster der Gegend aber war einstens das Reichsstift Ochsenhausen, östlich von Biberach auf einer Anhöhe über dem Tal der Rottum, das ein großes Herrschaftsgebiet bis hinüber zur bayerischen Grenze sich botmäßig gemacht hatte: Vierzehn stattliche Dörfer und vier Schlösser gehörten zu seinem Besitz. Obgleich im Bauernkrieg 1525, dann im Dreißigjährigen Krieg und zuletzt im Spanischen Erbfolgekrieg der in ganz Oberschwaben sprichwörtliche Reichtum dieses Benediktinerklosters die Marodeure stets besonders angezogen hatte und Plünderungen und Verwüstungen daher nicht ausgeblieben sind, gelang es den geschäftstüchtigen Brüdern immer wieder, ihren Kirchenschatz aufzufüllen und die Baulichkeiten zu erweitern. Die ursprünglich gotische Kirche, eine mächtige Basilika mit zehn Achsen, wurde 1664 umgebaut und 1725 mit einer Barockfassade versehen. Der 110 Meter lange, vierstöckige, mit Ecktürmen und einer schönen Freitreppe ausgestattete Konventbau weist einen herrlichen, schon klassizistisch anmutenden Bibliotheksaal und ein Armarium für wissenschaftliche Instrumente auf, denn die Ochsenhausener taten sich auf ihre astronomischen Studien etwas zugute. In der Prälatur sind die prächtigsten renaissancistischen Kassettendecken und Türgestelle zu sehen, die Schwaben aufzuweisen hat, wahre Meisterwerke gediegener und phantasiereicher Schreinerkunst. Der ganze Klosterbezirk ist noch heute mit einer türmchenbewehrten Mauer umschlossen, die aus dem Jahr 1500 stammt. Nach der Säkularisation 1803 kam fast der ganze Besitz als Entschädigung für eine linksrheinische Herrschaft an die Grafen Metternich, die nunmehr Reichsfürsten wurden, ohne freilich den so frisch nach Stall und Acker duftenden Ortsnamen in ihren feudalen Titel aufzunehmen. 1825 verkaufte dann Klemens von Metternich, der österreichische Staatskanzler und Demagogenbekämpfer, die ganze, inzwischen mediatisierte Besitzung, die nur eine fette Pfründe für ihn gewesen war, um anderthalb Millionen Gulden an Württemberg.

Aus der spielerischen und übermütigen Grazie des Rokoko, wie sie am schönsten in Zwiefalten sich darbietet, ist es nur ein kleiner Schritt in die nüchterne Klarheit des Klassizismus, für den die nach 1770 von dem Franzosen Michel d'Ixnard entworfene Kirche des ehemaligen reichsfürstlichen Chorfrauenstifts Buchau ein exzellentes Beispiel liefert. Die bis ins Rokoko hinein festgehaltenen architektonischen Formen des traditionellen Kirchenbaus sind hier definitiv beiseite geschoben. Was man sieht, ist keine Halle und keine Basilika, sondern schlichtweg ein Saal mit drei Schiffen und einer Empore, die durch schlanke Säulen getragen wird. Hier weht unverkennbar genug der unmetaphysische, durchaus rationale Geist der Aufklärung, hell, freundlich, wenn man will, heidnisch. Dabei bringt der Klang von viel Gold und Weiß zusammen mit den sonoren Farben der streng kassettierten Deckengemälde dennoch eine festliche Stimmung hervor, die freilich die himmlischen Aggredienzien nur noch rein dekorativ verwertet. Sie haben es sich viel Geld kosten lassen, die adeligen Damen, die sich in Buchau ein gutes Leben machten; mehr als eine halbe Million Gulden hat die Kirche gekostet, die sie doch nur drei Jahrzehnte behalten sollten, denn 1803 wurde auch das Damenstift säkularisiert und ebenso wie Marchtal dem Fürsten von Thurn und Taxis als Entschädigung zugesprochen (es gab bei jenem Reichsdeputationshauptschluß für kluge Leute viel zu erben in dem verarmten Deutschland). An irdischen Gütern hat es den obbemeldeten Edelfräulein, die zumeist aus den alten Adelsgeschlechtern Oberschwabens und des übrigen Österreichs stammten, nie gefehlt, und ein klösterliches Leben war daher ihre Sache ganz und gar nicht; das überließen sie den armen bürgerlichen Mädchen, denen es nicht so schwer fiel, auf die weltlichen Genüsse zu verzichten. In Buchau waren keine Nonnen, und es gab auch kein

Keuschheits- und Eheverzichtsgelübde; wer heiraten wollte, wurde zwar im Stift nicht länger geduldet, im übrigen aber nicht gehindert, den geliebten Mann glücklich zu machen. Im allgemeinen lebten hier freilich sehr hagestolze Damen, die von Haus aus gewohnt waren, einen großen Aufwand zu treiben, und ohne Kammerjungfern und sonstige Domestiken ein gottseliges Leben sich nicht wohl denken konnten. Es war zu manchen Zeiten daher auch üblich, daß die eine oder andere Stiftsdame sich innerhalb des Stiftsbezirkes ihr eigenes kleines Privatpalais erbauen ließ, weil ihr das Gemeinschaftshaus, in dem es wie in einem großen Hotel auch Säle für musikalische und theatralische Veranstaltungen und außerdem einen hübschen Ballsaal gab, entweder nicht komfortabel oder nicht ungestört genug erschien. Als kurz vor der Säkularisierung ein neuer prächtiger Kavalierbau zur Unterbringung von männlichen Gästen – es kamen selbstverständlich nur Vertreter des hohen Adels in Frage – erstellt wurde, mußten diese hübschen Einsiedeleien der frommen Frauen aus dem Wege geräumt werden.

Das Städtchen Buchau, das, ebenfalls reichsunmittelbar, neben dem Stift stand, war lange nur ein armes Dorf, das im 14. Jahrhundert nicht mehr als vierzig Behausungen zählte und es im Lauf der Jahrhunderte nie zu einer eigenen Kirche und auch zu keiner Ummauerung gebracht hat. Was hätten sie mit Wällen und Türmen auch schützen sollen, diese Leute am Federsee, die so gut wie keine Reichssteuern bezahlen konnten und als Reichskontingent ganze fünf Mann zu stellen verpflichtet waren? Trotzdem haben die Buchauer ihren Humor nie verloren, wie aus der in der Zimmerschen Chronik berichteten Anekdote vom »Apostel von Buchau« zu ersehen ist. Die Buchauer hatten nämlich, da sie ja reichsunmittelbar waren, das Recht, einen eigenen Vertreter zu jedem Reichstag zu entsenden. Dazu brauchte man freilich Geld, und Geld war nie in der Stadtkasse. Da es aber etwas Schönes und Ehrenvolles ist, auf einem Reichstag im Kreise der Fürsten und Grafen und Freien Herren sich um den Kaiser zu scharen, so machte sich im Jahre 1542 der

Bürgermeister von Buchau, seines Zeichens ein Federseefischer, zu Fuß auf den Weg nach Worms, und da ihm die Stadt nicht einmal ein Paar Schuhe zur Verfügung stellen konnte, so legte er die ganze Strecke, wie er es von daheim gewohnt war, barfuß zurück. Und barfuß erschien er auch am Eingang des Saales, wo die spanische Wache den »Bettler« barsch zurückweisen wollte. Aber unser Buchauer zog seine Ausweispapiere aus dem Wams, und da nirgends geschrieben stand, daß ein Abgeordneter nur beschuht den Saal betreten dürfe, so mußten ihn die Spanier passieren lassen. Es gab im Kreis der Fürsten und Bischöfe zuerst peinliches Aufsehen und schließlich große Heiterkeit, als der Barfüßer auf der Bank der Freien Stände seinen Sitz nahm; aber den Buchaucher Bürgermeister hatte das nicht weiter angefochten. Ob es freilich wahr ist oder nicht eher eine boshafte Übertreibung des zu Boshaftigkeiten stets geneigten Zimmerschen Chronisten, wenn weiter vermerkt wird, daß der Bürgermeister auf dem Rückweg auch noch seine Hosen über die Achseln geworfen habe und »beschenkelt« dahergekommen sei, in welchem Zustand er der Gräfin von Montfort, der Äbtissin des Damenstifts, begegnet sei, mag dahingestellt bleiben.

Biberach

Das munterste und freundlichste Städtchen Oberschwabens ist Biberach im flachen Tal der Riß, die südwestlich von Ulm in die Donau fließt. Das schon von den Hohenstaufen mit der Reichsfreiheit ausgestattete Biberach hat sich im Mittelalter durch seine Leinwandweberei, deren Erzeugnisse über Venedig und Genua in alle Welt gingen, und später besonders durch seine Goldschmiede, die am Adel, an den Klöstern und Patriziern Oberschwabens eine verständnisvolle und großzügige Kundschaft hatten, einen sicheren Wohlstand verschafft. Außerdem war das seit dem 13. Jahrhundert bestehende Spital mit Stiftungen besonders reich ausgestattet, die allmählich durch kluge Politik des Magistrats in städtischen Besitz übergingen. Im übrigen waren die Biberacher stets maßvolle Leute, die auch in florierenden Zeitläuften nie zu hoch hinaus wollten und daher auch nie sehr tief stürzen konnten; gar zu schwere Krisen blieben ihnen also erspart.

Die Klugheit der Biberacher zeigte sich besonders während der Reformation. Zwar gab es zunächst auch hier heftige konfessionelle Händel, als sich die Bürgerschaft in zwei Parteien spaltete und besonders das Patriziat für den alten Glauben sich einsetzte; der Dreißigjährige Krieg hat denn auch dieser Stadt durch Besetzungen und Kontributionen, bald von den Schweden, bald von den Österreichern, viele Sorgen gebracht. Nach dem Westfälischen Frieden aber einigten sich die beiden Parteien, die sich ungefähr die Waage hielten, auf eine völlige Parität, die zwar im Friedensschluß auch anderen konfessionell gemischten Gemeinwesen zur Pflicht gemacht worden war, aber nur in Biberach auch tatsächlich in die Praxis umgesetzt worden ist. Und zwar erstreckt sich die Biberacher Parität bis zu den geringfügigsten Ämtchen und auch auf alle Gewerbe: Bürgermeister, Arzt, Apotheker, Hochzeitlader, Büttel, Scharfrichter mußten stets zweifach vorhanden sein, und auch die Büchsenmacher, Glockengießer, Seifensieder und die anderen ehrlichen Gewerbe waren immer in beiden Konfessionen vertreten, damit kein Katholik in Gefahr käme, eine protestantische Büchse zu spannen, und kein Prostestant, seiner Kuh eine katholische Schelle umhängen oder sich gar mit einer katholischen Seife waschen zu müssen. Nur der Totengräber war nach einem tiefsinnigen Ratschluß immer protestantisch und der Stadtuhrmacher immer katholisch, wohl weil vor Zeit und Ewigkeit die gespaltene Biberacher Christenheit sich wieder einig fühlte. Im Großen und Kleinen Rat hielten sich selbstverständlich Katholiken und Protestanten genau die Waage, und wenn ein Amt oder ein Gewerbe nur

Nebenstehend: Biberach

einen Mann ernährte wie beim Stadtschreiber oder Stadt-
baumeister, wurde beim Todesfall jeweils abgewechselt. Es
herrschte also Ordnung in der Reichsstadt Biberach, eine
Ordnung, die mit witziger Konsequenz die Gewähr dafür
bot, daß ein jeder, Katholik wie Protestant, auf seine Fasson
selig und notfalls auch geköpft werden konnte.

Die spätgotische Stadtkirche, eine flachgedeckte Basilika,
die im 18. Jahrhundert verzopft worden ist, wurde selbstverständlich Simultankirche: Sie dient seither beiden Konfessionen, wodurch bewiesen sein dürfte, daß den Protestanten
der Weihrauch und den Katholiken das Bibelbuch in der
Andacht nicht hinderlich sind. Ansonsten sieht man in
Biberach, dessen alte wehrhafte Stadtmauer mit zwei Toren
und einem zylindrischen, zeltbedachten Festungsturm auf
dem Gigelberg zum Teil sich noch erhalten hat – einst hatte
das Städtchen nicht weniger als zwanzig Türme – um den
Marktplatz herum noch so manches stattliche alte Patrizierhaus mit breiten Giebeln und vorkragenden Stockwerken,
Zeugen einer behäbigen Tradition. Bezeichnend für den
Geist des alten Biberach ist es auch, daß die frühere, aus dem
Jahre 1432 stammende »Metzig« gleich nach dem Westfälischen Frieden, als überall in deutschen Landen große Not
herrschte, in ein Komödienhaus umgebaut wurde, wo seither mit Eifer Theater gespielt wird, und zwar selbstverständlich ebenfalls paritätisch von einer katholischen und einer
protestantischen Liebhabergesellschaft; auch durch ihre
Theaterfreudigkeit, die fast bajuvarisch anmutet, nehmen
die Biberacher im schwäbischen Bezirk eine erfreuliche Sonderstellung ein.

Direktor der protestantischen Theatergesellschaft war einige
Jahre lang der aus Oberholzheim bei Biberach stammende
Dichter Christoph Martin Wieland, der 1760–1769 das
Amt eines städtischen Kanzleiverwalters bekleidete. Unter
seiner Leitung wurde hier zum überhaupt erstenmal in
Deutschland Shakespeare gespielt, den der Herr Stadtschrei-

Nebenstehend: Ravensburg

ber zu diesem Zweck ebenfalls als erster ins Deutsche übertragen hatte. Noch entscheidender als Stadtschreiberei und Theaterspielerei wurde für den jungen Dichter die Tatsache, daß auf dem benachbarten Schloß Warthausen der ehemals kurmainzische Minister Graf Stadion residierte, ein Grandseigneur und Verehrer, ja Freund Voltaires, der dem zuvor in selbstquälerischen pietistischen Gedankengängen befangenen jungen Mann den Blick in eine freie Welt des Geistes öffnete und ihn so für die bedeutende Rolle reif machte, die er dann als frühester der großen Weimaraner neben Goethe, Herder und Schiller zu spielen berufen war. Wieland ist der einzige Dichter hohen Rangs aus der neueren Zeit, dem Oberschwaben Heimat war. Um so zahlreicher sind die Maler, die aus Biberach hervorgegangen sind. Der populärste darunter ist Johann Baptist Pflug (1785–1860), der uns in reizenden, figurenreichen Genrebildchen nach dem Vorbild der alten Holländer das Leben und Treiben und die vielen Vergnügungen des oberschwäbischen Volkes mit liebevollem Pinsel dargestellt hat. Als Tiermaler und Landschafter bekannt sind auch die beiden Freunde Braith und Mali geworden, denen ihre Vaterstadt ein eigenes kleines Museum gestiftet hat. Auch zwei Professoren der Stuttgarter Akademie in der ersten Hälfte des 19. Jahrhunderts, Johann Friedrich Dietrich und Bernhard Neher, waren gebürtige Biberacher. Von Pflug stammen auch kulturgeschichtlich sehr amüsante Lebenserinnerungen, aus denen wir ersehen, wie probat und zugleich witzig die Strafprozeßordnung in der alten Reichsstadt gehandhabt wurde. Zwei Galgen, ausnahmsweise nicht nach den Konfessionen, sondern nach den Ständen geschieden (hie Bürger, hie Soldat!), und ein Pranger, »Lastersaul« genannt, standen in einem Winkel des Marktplatzes. Raubmörder wurden zum Unterschied von anderen Sündern in eine Kuhhaut eingenäht, aus der nur der Kopf und die Arme herausschauten, und so vom Büttel zur Richtstätte geschleift. Pasquillanten wurden an den Pranger gestellt, wo der Scharfrichter das Pasquill in ihrer Hand öffentlich verbrannte. Zänkische Eheleute wurden so lange nur mit einem Stuhl, einem Bett, einem Löffel, einem Teller und einem Krug in den Turm gesperrt, bis sie sich wieder zu vertragen gelobten. Streitsüchtige Weiber wurden miteinander in der »Geige« öffentlich zur Schau gestellt, wobei sie sich aus nächster Nähe begaffen, beschimpfen und begeifern, aber nicht tätlich erreichen konnten. Ehebrecher bekamen im Turm vier Wochen lang nichts als ungesalzenen Brei vorgesetzt, damit ihre Lüste abgetötet und ihr Appetit auf die eigene Frau oder den eigenen Mann wieder geweckt würden. Dem üblen Nachredner wurde am Pranger ein langer eiserner Schnabel vor den Mund geschnallt, an dem eine kleine Glocke bei jeder Bewegung klingelte. Felddiebe wurden in einen käfigartigen Korb gesteckt und darin am Rathaus hochgezogen, damit jeder sie genau betrachten konnte.

Ravensburg und Weingarten

Die Königin der oberschwäbischen Städte ist das türmereiche Ravensburg im Tale der Schussen. Im Gegensatz zu den meisten anderen Reichsstädten hat Ravensburg seine mittelalterliche Befestigungsanlage noch ziemlich wohlerhalten und ist nie von dem Ehrgeiz geplagt worden, seine Türme und Tore, auch wenn sie keinen Nutzwert mehr hatten, einzureißen. So ragen noch heute fünfzehn Türme in die klare, vom nahen Bodensee her filtrierte Luft; und wenn sie auch wegen der großen Lücken in den Mauern zumeist etwas unvermittelt und mit nicht mehr so recht verständlicher trotziger Gebärde dastehen, so beleben sie doch die Stadtsilhouette aufs reizvollste und verkünden den nachgeborenen Geschlechtern, daß hier einmal Leute wohnten, die einen stolzen Besitz mit den dicksten Mauern und den breitesten Gräben zu schützen gewillt waren. Die Stadt ist eine Gründung der Welfen, die auf dem hinter der Stadt emporsteigenden Hügel ihre Stammburg hatten, eben die »Ravensburg«, wo auch der berühmteste aller Welfen,

Heinrich der Löwe, 1129 geboren wurde. Die alte Ritterburg, die später in den Besitz der Staufer überging, wurde 1647 von einem Papierergesellen und einem österreichischen Soldaten in Brand gesteckt, wofür die beiden Übeltäter an einem Nußbaum aufgehängt wurden. Hundert Jahre später wurde durch Bagnato an der gleichen Stelle ein Schlößchen erbaut, nach der 1833 abgebrochenen Vituskapelle jetzt Veitsburg genannt, und mit einem Aussichtsturm ausgestattet, von dem aus man einen wundervollen Rundblick auf die Stadt zu Füßen des Berges, hinüber nach dem Kloster Weingarten und hinunter zum See mit dem Panorama der Alpenkette hat. Auf dem gleichen Hügelrücken, nur wenige Schritte entfernt, liegt der Weiler Sankt Christina mit seinem uralten Kirchlein und dem isolierten Turm aus dem 13. Jahrhundert, eine der hübschesten und höchstgelegenen Dorfidyllen im oberschwäbischen Land.

Gegenüber der Veitsburg, ebenso hoch wie diese, haben die Ravensburger einen dicken, plumpen Rundturm erbaut, den 55 Meter hohen »Mehlsack«, von wo aus ein Wächter immer genau beobachten konnte, was in der Burg vorging. Das geschah nicht nur aus Neugier, sondern aus Vorsicht, weil zwischen Burg und Stadt oft Krach war und die Städter gegen Überfälle gewappnet sein wollten: ein Sinnbild nachbarlicher Katzenfreundschaft. Plump und nüchtern wirken auch die drei alten Kirchen, wenigstens in ihrem Aufbau; sie stammen alle aus dem 14. Jahrhundert, das in Oberschwaben einen Tiefstand in den architektonischen Künsten repräsentiert. Was im Stadtbild charaktervoll und gediegen wirkt, stammt aus der spätgotischen Zeit, so das Rathaus, der Lederhof, das Waghaus. Renaissancistische Denkmäler sind nicht zu finden, da die Bauwerke aus früherer Zeit den sparsamen Patriziern noch zu solid erschienen, als daß sie dem neuen Stil nur um seiner Neuheit willen hätten Eingang gewähren mögen. Denn der einst sprichwörtliche Reichtum der »Ravensburger Gesellschaft« war im Dreißigjährigen

Nebenstehend: Weingarten

Krieg während der gewalttätigen und erpresserischen Beset-
zung durch die Schweden unter Wrangel in nichts zerron-
nen: Von 1400 sehr wohlhabenden Familien waren nach
Abzug der Schweden 1648 nur noch 400 übriggeblieben,
und diese sollen ausnahmslos bettelarm gewesen sein. Von
dieser Misere hat die einst blühende Stadt sich auch in den
nächsten anderthalb Jahrhunderten nicht mehr zu erholen
vermocht, so daß sie, noch immer tief verschuldet, 1810 an
Württemberg kam. Die Bahnlinie Ulm–Friedrichshafen hat
dann die strebsame Stadt, die einst den Ruhm hatte, in der
Papierherstellung unter den deutschen Städten führend zu
sein, wieder an den Verkehr angeschlossen und einen Neu-
aufbau ihrer Wirtschaft ermöglicht.

Als eine Besonderheit galten seit alters die sogenannten
Kindermärkte: Da kamen alljährlich im Frühjahr aus Vorarlberg und Tirol halbwüchsige Buben und Mädel, geführt
von einigen älteren Leuten, und stellten sich auf dem langge-
dehnten, breiten Marktplatz auf. Aus der näheren und
weiteren Umgebung erschienen gleichzeitig die Bauersleute
von den Einödhöfen, die überall in dem Hügelgelände zerstreut liegen, und mieteten diese billigen Arbeitskräfte für
den Sommer. Ein paar Kronentaler, je nach der körperlichen
Leistungsfähigkeit, ein neues Wams und im übrigen natürlich freie Kost waren der Lohn. Im Herbst wurden die
Kinder dann auf dem gleichen Platz ihren Betreuern wieder
ausgehändigt. Damit war den armen Gebirglern und den
reichen Oberschwaben, die im Sommer nie genug Arme zur
Mitarbeit bekommen konnten, gleicherweise geholfen. Die
Kinderfreundlichkeit der Ravensburger ist im übrigen auch
durch das seit vielen Jahrhunderten traditionelle Rutenfest
an Mariä Himmelfahrt erwiesen, wo auf der Kuppelnau,
dem großen Festplatz, die Schulbuben wie kleine Wilhelm
Telle mit Armbrusten nach einem hölzernen Reichsadler
schießen, dem Sinnbild der siebenhundertjährigen Reichsfreiheit. Der beste Schütze wird dann tagelang wie ein

Nebenstehend: Waldburg

kleiner König gefeiert. Und die anderen lassen es sich ebenfalls wohl ergehen.

Was der Stadt Ravensburg an barockem Prunk wegen ihrer Armut im 18. Säkulum abgeht, das ist um so großartiger im benachbarten Weingarten vorhanden, wo den Benediktinern das Geld nie ausgegangen ist. Es war einst das berühmteste Kloster Württembergs, dessen Münster in seinen inneren Ausmaßen mit dem Kölner Dom wetteiferte und neben Hirsau, jedenfalls vor dem Umbau, die größte romanische Klosteranlage auf deutschem Boden darstellte. Beherrschend auf einem terrassierten Hügel thronend, bietet die in Kreuzform gebaute Kirche, eine interessante Kombination von Hallenkirche und Zentralbau, einen elliptisch vorspringenden Schaugiebel dar, der auf beiden Seiten von nicht sehr hohen, aber wunderschön profilierten Türmen flankiert ist. Über dem Schnittpunkt der Kreuzeslinien ist auf hohem, mit Rundbogenfenstern versehenem Tambour eine mächtige Kuppel gewölbt, auf die der Blick über den Giebel weg freigegeben ist. Im Innern breitet sich ein festlicher Raum, der um so gewaltiger wirkt, als die Emporen weit zurückgeschwungen sind. Hier ist nichts von barocker Raumverflüchtigung zu spüren, die architektonischen Formen sind streng und fast schon klassizistisch gebunden, trotz der sonst viel phantastischer gesinnten Bauzeit von 1715–1724. Der Plan geht auf den Vorarlberger Franz Beer zurück, während bei der Ausführung der beim Ludwigsburger Schloßbau maßgeblich beteiligte Frisoni die Hauptrolle gespielt zu haben scheint.

Ein Wunderwerk ist die große Orgel, an der zwölf Gesellen fünfzehn Jahre lang unter Leitung des berühmtesten Orgelmeisters seiner Zeit, Joseph Gabler, eines gebürtigen Ochsenhauseners, gearbeitet haben; das Werk hat 76 Register mit zusammen 6666 Pfeifen; eine kleinere Orgel im Chor weist genau die Hälfte, nämlich 3333 Pfeifen, auf.

Die zur Kirche gehörigen Klosterbauten, schlicht in der äußeren Form, aber wahrhaft monumental in den Ausmaßen, entstanden, ebenfalls nach den Plänen Beers, von

1745–1792, doch wurde von der streng symmetrischen Anlage nur die eine, nördliche Hälfte der Prälatur ausgeführt. Der Gesamtplan, der noch vorliegt, wird von einem Kenner wie Dehio als der einheitlichste und großartigste, den wir überhaupt von einer Klosteranlage jener Zeit besitzen, bezeichnet. An der Südseite der Kirche ist noch ein kleiner Teil der mittelalterlichen Gebäude und ein spätgotischer Kreuzgang erhalten.

Seit dem Jahr 1090 befindet sich in der Obhut des Klosters ein Blutstropfen Christi, der nach der Legende von dem römischen Kriegsknecht Longinus bei der Kreuzigung aufgefangen und nach Mantua gebracht worden sei, von wo ihn einer der Welfenherzöge nach Deutschland geholt und dem von ihm begründeten Kloster geschenkt habe. Diese Reliquie wird alljährlich am Freitag nach dem Himmelfahrtsfest, dem sogenannten Blutsfreitag, in feierlicher Prozession, die Mönche und die Bauern hoch zu Roß, um die Gemarkung getragen zum Schutz der Felder vor Hagelschlag und Mißwachs. Es ist der höchste Volksfesttag Oberschwabens.

Im Vergleich mit Weingarten ist das südlich von Ravensburg gelegene Weißenau mit seiner alten, einst ebenfalls sehr begüterten Prämonstratenserabtei und der 1708–1724 neu erbauten, zweitürmigen Kirche, einer typischen Hallenkirche der Vorarlberger Schule, deren Entwurf ebenfalls von Beer stammt, nur bescheiden zu nennen, denn die Kirche ist nur halb so lang wie das Weingartener Münster. Wie in Zwiefalten, so ist auch hier der Klosterbau, sobald er in württembergischen Besitz übergegangen war, den Zwecken einer Irrenanstalt nutzbar gemacht worden.

Wenige Kilometer südöstlich von Ravensburg steht auf einem dichtbewaldeten Hügel die Waldburg, Stammschloß der in mehreren Linien gespaltenen Erbtruchsesse von Waldburg, eines schwäbischen Uradelsgeschlechts, das überall in Oberschwaben begütert war und früher nicht nur in der Geschichte seiner engeren Heimat eine bedeutende Rolle gespielt hat. Der bedeutendste aus der Sippe ist jener Georg, genannt der »Bauernjörg«, der als Feldherr des

Schwäbischen Bundes den Herzog Ulrich aus Württemberg vertrieb (1519) und dann im Bauernkrieg (1525) bei Böblingen und Königshofen über die aufständischen Bauern seine nicht gar zu schwer errungenen, sehr blutigen Siege erfocht, die er mit erschreckender Brutalität ausnützte. Die Stammburg, die aus dem 16. Jahrhundert stammt, ist in der ursprünglichen Gestalt noch ziemlich wohlerhalten und durch neuzeitliche Zutaten nur wenig verunstaltet; sie ist noch ganz von der alten Ringmauer umgeben, besitzt einen hübschen winkeligen Schloßhof und gibt einen zuverlässigen Begriff von dem einstigen Leben und Treiben auf einer alten süddeutschen Ritterburg. Befriedigender als der Blick in die alte Zeit ist die Aussicht, die sich von dem höchsten Altan aus ringsum ins schwäbische Land, nach dem Bodensee und hinüber zu den Alpen bietet. Es ist einer der schönsten Punkte im deutschen Land.

Der Bodensee

Abseits von der Hauptstrecke Ulm–Friedrichshafen, nur durch eine Vizinalbahn damit verbunden, liegt das Städtchen Tettnang. Sein Geschick war jahrhundertelang mit dem reichsunmittelbaren Grafengeschlecht derer von Montfort verbunden, deren Herrschaft sich am Bodensee bis nach Vorarlberg hinein erstreckte. Solange es den Grafen gut ging – und sie waren zeitweise mächtige Förderer der Künste und auch der landwirtschaftlichen Belange –, hatten auch die Tettnanger ein gutes Leben; als das Geschlecht aber dann wegen der Verschwendungssucht und der Geschäftsuntüchtigkeit seiner letzten, schon dekadenten Vertreter in der zweiten Hälfte des 18. Jahrhunderts bankrott machte, mußte schließlich der gesamte Besitz mit Einschluß der Stadt Tettnang an Österreich verpfändet werden; dem letzten Grafen blieb von dem einstigen Reichtum nur eine kärgliche Leibrente, die er als alter Hagestolz und sozusagen als möblierter Herr, von Gläubigern bedrängt, in einem seiner ehemaligen Schlösser in Tettnang verzehrte: letzter Sproß eines einst souveränen, über Tausende von Leibeigenen gebietenden Hauses. Zu Beginn des 19. Jahrhunderts kam dann auch das einst Montfortsche Gebiet auf Napoleons Geheiß zuerst an Bayern und dann definitiv an Württemberg.

Noch zu Beginn des 18. Jahrhunderts, als überall im Land das heftige Baufieber um sich griff und die reichen Klöster sich unter wahrhaft fürstlichem Aufwand mäzenatisch betätigten, hatten auch die Montforts in Verkennung ihrer prekären Lage geglaubt, sich ein neues Schloß leisten zu können. Ihr altes Schloß im Städtchen selbst, ein schlichter Steinbau mit Staffelgiebeln aus dem Jahr 1667 (heute Rathaus), erschien ihnen nicht mehr standesgemäß. So ließen sie von dem Benediktinerfrater Gessinger aus Isny, der später zum Calvinismus überging, zwischen 1712 und 1720 auf einem Hügelvorsprung vor der Stadt, dem See zu, ein mächtiges neues Schloß errichten, das ebenso behäbig wie trutzig in die liebliche Gegend blickt. Es hat einen quadratischen Grundriß, ist dreigeschossig und auf seiner Schaufront durch mächtige Pilaster gegliedert. An den vier Ecken ragen quergestellte Pavillons auf, denen im Binnenhof runde Ecktürme mit Treppenhäusern entsprechen. Nun wollte es das Unglück, daß das Schloß dreißig Jahre nach Fertigstellung durch einen Brand, der rasch auf alle Flügel übergriff, stark mitgenommen wurde. Zwar wurde der Wiederaufbau sogleich einem Tettnanger Baumeister namens Jacob Emele übertragen, aber inzwischen waren die Montforts so sehr verarmt, daß sie das Geld für die Handwerker nicht mehr aufbringen konnten; noch 1771, anderthalb Jahrzehnte nach dem Beginn des Wiederaufbaus, beklagte der gute Emele sich darüber, daß er bis dato keinen Heller habe bekommen können. Es ist zu hoffen, daß der brave Meister, der im barocken Stil tüchtige und ganz selbständige Arbeit geleistet hatte, schließlich doch noch auf seine Kosten gekommen ist. Seinen eigentlichen Zweck hat das riesige Schloß, das einen üppig ausgestatteten »Bacchus-Saal« und

einen sehr hübschen Musiksaal aufweist, nie erfüllen können, denn sogleich nach dem endgültigen Besitzwechsel
zogen Behörden und Beamtungen ein, die weder dem Bacchus zu opfern noch musikalisch sich zu betätigen befugt
waren. Außer seinem Schloß hat das Landstädtchen Tettnang wenig von dem aufzuweisen, was an eine ehemalige
Residenz gemahnen könnte. Eine freundliche Erinnerung an
die gute alte Postkutschenzeit ist etwa der stattliche Fachwerkbau des Gasthofs zum »Rad«, der einst eine Thurn und
Taxissche Posthalterei war. Von großer wirtschaftlicher
Bedeutung für die Stadt und die ganze Umgegend wurde der
zuerst in den dreißiger Jahren des 19. Jahrhunderts unter-
nommene Versuch, hier Hopfengärten anzulegen. Das
durch die Seenähe sehr milde Klima und der seit je als
besonders fruchtbar bekannte Boden (sandiger Lehm) haben
es bewirkt, daß der Tettnanger Hopfen, besonders der Früh-
hopfen, neben dem Böhmer und Spalter Gut im Lauf der
Jahrzehnte zu einem europäischen Handelsartikel von hoch-
bezahlter Qualität geworden ist. Die Hopfenanlagen mit
ihren hohen Stangen und kunstvollen Drahtverstrebungen
sind seither für diese Landschaft ebenso charakteristisch wie
die nette, gesellige Beschäftigung des Hopfenzopfens im
frühen Herbst, an der alt und jung teilhaben.
Von Tettnang aus spürt und riecht man den See schon in der
Luft. Württemberg hat ja nur einen sehr bescheidenen Anteil
an diesem größten Binnensee Deutschlands: Nur 22 Kilometer Uferstrecke gehören uns, und diese kurze Strecke ist
nicht gerade die malerischste und romantischste des von
fünf Staatsgebieten umschlossenen Sees. Immerhin sind die
Türme, die für das württembergische Gebiet charakteristisch sind, von überall her sichtbar, ob man nun von
Bregenz, von der Schweiz oder von Konstanz her kommt.
Da ist Langenargen, einst ebenfalls Montfortscher Besitz,
mit seiner 1721 von Weingarten erstellten hübschen Barock-
kirche und dem schlanken, zwiebelgekrönten Turm, dem

Nebenstehend: Langenargen

nach dem ursprünglichen Plan noch ein Zwillingsturm entsprechen sollte. Anschließend an die Kirche hatten die Montforts ein ausgedehntes Spital erstellt, das ein Segen für die ganze Seegegend war. Auf einer Landzunge, die weit in den See vorspringt, stand seit alters eine Montfortsche Burg, die 1809 von Bayern auf Abbruch verkauft wurde. Da aber die Stelle gar so bevorzugt ist, ließ der württembergische König Wilhelm I. hier in dem bei ihm so beliebten »maurisch-italienischen Stil«, der zum Bodensee ganz und gar nicht paßt, ein festungsartiges Schlößchen errichten, das als Monument einer von allen guten Geistern des Geschmacks verlassenen Epoche traurig genug dasteht.

Vorbei an dem kleinen Eriskirch, dessen spätgotische Wallfahrtskirche im ummauerten Friedhof noch manch kostbares Bildwerk aus dem 14. und 15. Jahrhundert enthält, gelangt man nach Friedrichshafen, der wichtigsten württembergischen Stadt am Seeufer. Der langweilige neuzeitliche Name läßt auf eine junge Gründung schließen, und tatsächlich gibt es ein Friedrichshafen erst seit dem Jahr 1811, als der erste württembergische König, der dicke Friedrich, der offenbar glaubte, daß er der einzige prominente Träger dieses Namens wäre, das alte Kloster Hofen zu seiner Sommerresidenz zu erheben und mitsamt dem danebenliegenden, ebenso alten Reichsstädtchen Buchhorn sich selbst zu Ehren umzutaufen geruht hatte, ebenso wie später der Großherzog von Baden aus dem alten Sernatingen am äußersten Zipfel des Überlinger Sees ein fades »Ludwigshafen« zu machen beliebte. Immerhin hat Friedrichshafen seinem Namenspatron wenigstens Ehre gemacht, im Gegensatz zu jenem Ludwigshafen, das seit Eröffnung der Bodenseegürtelbahn als Hafen nur noch ein Schattendasein führt. Denn Friedrichshafen ist seit Zeppelins ersten, hier unternommenen Versuchen mit dem lenkbaren Luftschiff, das nun auch schon unwiederbringlich der Historie zugehört, eine bedeutende Industriestadt geworden und war

Nebenstehend: Eriskirch

schon vorher ein wichtiges Zentrum des Bodenseeschiffsverkehrs. Das erste Dampfschiff überhaupt, das den Bodensee befuhr, war das Dampfboot »Wilhelm«, das in Friedrichshafen auf Rechnung des Staats von dem amerikanischen Konsul Church mit einem Kostenaufwand von etwa 90 000 Mark erbaut wurde. Das aus Holz konstruierte Schiff, das zwanzig Pferdekräfte leistete und 124 Personen mit 550 Zentnern Fracht befördern konnte, hatte seine Jungfernfahrt am 1. Dezember 1824, und zwar quer über den See nach Rorschach. Es hat dann aber noch Jahrzehnte gedauert, bis ein regelmäßiger Schiffsverkehr, der alle wichtigeren Hafenorte untereinander verband, durchgeführt werden konnte, denn die alten Schifferzünfte pochten auf ihre verbrieften Privilegien, die nur gegen schweres Geld abgelöst werden konnten, und die vielen Zollschranken waren auch nicht im Handumdrehen beiseite zu schieben. Erst die sechziger Jahre brachten eine von allen Staaten akzeptierte Bodenseetransportordnung, die gegenseitiges Schikanieren ausschloß und einen gesunden Wettbewerb, was das schmucke Aussehen, den Komfort und die Technik der Schiffe betraf, eröffnete. Bodenseedampfschiffahrten waren seither immer ein besonderes Vergnügen der vielen Sommerfrischler.

Denn es ist schön, den Sommer und vor allem auch den Herbst am See zu verbringen. Man kann schwimmen, überall sind Strandbäder, man kann segeln und rudern und, wenn man für so etwas zu faul ist, von den großen Schiffen aus sich diese reizende Bodenseewelt betrachten mit ihren wechselnden Ufern und so wunderhübschen Städtchen, wie Lindau, Bregenz, Meersburg, Überlingen und Konstanz, in denen sich so viel europäische Geschichte zugetragen hat. Überall gibt es Spezialitäten für den Gaumen und für die Kehle: Die Meersburger und die Überlinger Seeweine sind eine zwar gern bewitzelte, trotzdem wohl zu goutierende Klasse für sich, und in jedem Hafen wird ein anderer urchiger Dialekt geredet. Dazu die herrlich opaleszierenden Farbenspiele des grünen Sees, die immer von neuem ebenso

erregende wie beruhigende Staffage des Gebirges und das
eben doch Heimelige dieses begrenzten Meeres, das so gar
nichts Uferloses hat, wenn auch die oft unversehens losbre-
chenden Stürme in diesem Kessel sich tückisch genug benehm-
men. Aber gleich danach ist das alles wieder die liebe, alte
Idylle.

Allgäu und Hegau

Vom Hegau, das sich westlich des Sees und nördlich des
Rheins anschließt, und vom Allgäu, dem östlich des Sees
sich erhebenden Vorland der Alpen, gehört zu Württemberg
je nur eine kleine Kostprobe; das Hauptgebiet ist dort
badisch, hier bayrisch. Durch ein Versehen gewissermaßen
ist der Hohentwiel als Exklave, wie man zu sagen pflegt,
württembergisch geblieben. Ursprünglich im frühen Mittelalter Sitz der Herzöge von Schwaben, wechselte die beherrschende Bergfeste oft den Besitzer und wurde schließlich von
dem landflüchtigen Herzog Ulrich, der Grund hatte, sich auf
einer uneinnehmbaren Burg zu verstecken, um 14 000 Gulden angekauft: Er war offenbar ein recht wohlsituierter
Emigrant. Seine große Zeit hatte der Hohentwiel während
des Dreißigjährigen Krieges, als sein Kommandant Konrad
Wiederhold die inzwischen gewaltig ausgebauten Festungswerke gegen alle Anstürme der Kaiserlichen und der Bayern
standhaft verteidigte und sie auch nicht auslieferte, als sein
Herzog Eberhard III., der nach der Schlacht von Nördlingen
nicht eben rühmlich sich in Straßburg in Sicherheit gebracht
hatte, sein Land und sein Volk den Drangsalen einer Beset-
zung ausliefernd, den Befehl zur Aushändigung der Schlüssel
an die Kaiserlichen erteilte. Wiederhold war sogar selbstherrlich genug, mit dem französischen »Erbfeind« zu paktie-
ren, wenn es galt, die Festung zu halten, und zwar gegen den
ausdrücklichen Befehl seines Herzogs, der hinterher, als
alles gut gegangen war, schlauerweise so tat, als wären seine
Befehle nicht ernst zu nehmen gewesen. Es war im übrigen

ein richtiger Wildwestkrieg, den Wiederhold fünfzehn Jahre lang auf eigene Faust vom Hohentwiel aus führte. Raubzüge in die nähere und weitere Umgebung füllten immer wieder seine Kriegskasse und seine Vorratslager; so holte er sich durch einen Handstreich Kanonen aus der ebenfalls wohlbefestigten Stadt Überlingen und die dazugehörige Munition aus Schramberg; aus Weingarten entführte er den Abt, den sein Kloster dann um teures Geld loskaufen mußte.

Was nach dem Dreißigjährigen Krieg mit der Festung geschah, war der ruhmreichen Vergangenheit wenig würdig: Sie wurde, besonders während der Regierung des Herzogs Carl, das bevorzugte Gefängnis für »Staatsverbrecher«, also für Männer, die dem herzoglichen Despotismus Widerpart leisteten. Hier saß jahrelang in dunklem Verlies der tapfere Landschaftskonsulent Johann Jakob Moser, der die verbrieften Volksrechte gegen den Herzog zu verteidigen gewagt hatte, und hier hatte auch der General Rieger fünf Jahre Zeit, über den plötzlichen Wandel in der Gunst seines Herzogs nachzudenken, dem zuliebe er so lange zu jeder Schandtat bereit gewesen war. Sehr unrühmlich war auch das Ende der Festung: Sie wurde am 1. Mai 1800, ohne daß auch nur der Versuch einer Verteidigung gemacht worden wäre, dem französischen General Vandamme übergeben, der, wie sich hinterher herausstellte, gar nicht imstand gewesen wäre, sie ernstlich überhaupt anzugreifen; immerhin stand er mit 20000 Mann am Fuß des Berges, allerdings ohne Geschütze; droben aber waren nur 93 Mann, die nur mit wehrlosen Gefangenen umzugehen gewohnt waren. Vandamme nützte dann die günstige Gelegenheit und zerstörte die Festungsanlagen samt den zivilen Gebäuden aufs allergründlichste. Seither ist auf dem Hohentwiel nur noch eine romantische Ruinendekoration zu sehen.

Im württembergischen Allgäu haben einige alte Reichsstädtchen, die einst an dem Handel mit Italien recht hübsch verdient hatten, ein ruhiges Dasein: Leutkirch, Wangen, Isny. Sie sind aus ihrem Dornröschenschlaf erst wieder erwacht, als der Schisport die Herrlichkeiten der Winter mit viel Schnee an den gebirgigen Hängen entdeckte. Und daran fehlt es dieser Gegend nicht. Kommt das wahre Vergnügen auch erst tiefer drinnen in den Bergen, so profitiert doch auch das Vorgelände mehr und mehr vom Wandel des Geschmacks. Im übrigen sind hier die großen Molkereibetriebe, es gibt die fetteste Butter und den würzigsten Käs – Genüsse, die wir wahrlich nicht verachten wollen.

DIE SCHWÄBISCHE ALB

Württemberg wäre ein gar zu liebliches Land, wenn nicht querdurch der Gebirgszug der Schwäbischen Alb schroff aufgeschichtet wäre. Man hat sie früher die »Rauhe Alb« genannt, aber die neuere Zeit, die vor allem Fremdenverkehrsinteressen im Auge hatte, hat die so treffende alte Bezeichnung verpönt; es gibt jetzt nur noch eine »Schwäbische Alb«, als ob für uns nicht mehr rauh wäre, was unseren Großvätern noch rauh erschien. Selbstverständlich ist es nicht überall so rauh auf der Alb wie etwa in der Münsinger Gegend; aber es ist auch nirgends so mild wie im Tal des Neckars oder der Tauber. Rauh sind die Stürme dort oben und rauh, wortkarg, zäh ist auch der Menschenschlag, der den steinigen Boden beackert.
Die Alb ist kein schwäbisches Privileg, nur der Name ist unser eigenster Besitz. Anderwärts heißt das Gebirge, dessen mittleren Teil die Alb darstellt, der Jura, so in Frankreich, wo er am Rhônefluß östlich von Lyon beginnt, um dann die Westschweiz zu durchqueren und über das südliche Baden hinweg bei Tuttlingen das württembergische Gebiet zu erreichen; im Ries bei Nördlingen geht er in den Fränkischen Jura über, wo er im Fichtelgebirge seinen Abschluß findet.
Es ist also ein fast europäisch zu nennendes Gebirge, dessen württembergischer Teil rund 200 Kilometer lang und 15 bis 40 Kilometer breit ist.

Die Alb ist ein sogenanntes Hochflächengebirge, dessen Nordrand gegen den Neckar zu manchmal viele hundert Meter steil abstürzt, so daß sich dem Beschauer von dorther ein fast senkrechter Mauerwall mit weißen Felsenriffen darbietet, während es sich gegen Süden, der Donau zu, allmählich abdacht. Als verhältnismäßig schmales Tafelgebirge bietet es hier überall unvergleichlich herrliche Gelegenheiten zu langhin sich erstreckenden Hochwanderungen. Phantastisch genug sind die Formen der Berge: Da ragen kühne Kegel unvermittelt aus der Talsohle auf, da lagern lange Särge wie auf mächtigen Piedestalen, und breite Kasten sind wie von Riesenhänden auf die Bergrücken gestellt. Der Hohenzollern, die Achalm, der Rechberg, der Hohenstaufen sind wie Wächter vor dem Festungswall aufgerichtet, während beispielsweise der Neuffen und die Teck wie durch eine schmale Brücke mit dem Hauptstock verbunden bleiben.

Etwas Urtümliches und Grandioses hat dieses deutsche Mittelgebirge allenthalben. Es gehört nicht viel Einbildungskraft dazu, sich hier das einstige Jurameer vorzustellen, das südlich bis zu den Alpen und nordwestlich bis zum Rhein sich dehnte. Die weiße Stirnseite des Walls ist ja nichts anderes als der verkalkte Überrest von Schwamm- und Korallenbänken jenes Meeres, dessen Wasserfluten die tiefen Kluften und Täler durch Erosion — was ja wörtlich »Ausnagung« bedeutet — bewirkten; das Meereswasser hat diese Täler und Mulden ausgefressen und die verebbenden Hügelwellen so weich geformt. Steht man im Morgendämmer eines herbstlichen Tages auf einem dieser steilen Felsenriffe, so bekommt man wohl Lust, in diesem wogenden und wallenden Nebelmeer durch einen Kopfsprung unterzutauchen und mit den Plesiosauriern und Ichthyosauriern um die Wette nach Belemniten und Ammoniten schwimmend zu jagen. Oder man glaubt, über dem Haupt einen dieser grotesken Flugsaurier daherrauschen zu hören, die wie riesenhafte Fledermäuse mit langen Schnäbeln zwischen den monumentalen Wedeln der Farne und Zykadeen und in den Wipfeln der Araukarien ihre Horste hatten. Die Vorgeschichte mit ihren Fabelwesen und Fabelformen, die man auf Schritt und Tritt versteinert antrifft, steht uns in dieser urweltlichen Landschaft immerzu leibhaftig vor der ahnungsvollen Seele, und seltsame Atavismen steigen in unsrem Geist wieder hoch.

Hier ist das Dorado der Geologen, seitdem der berühmte Quenstedt als Tübinger Ordinarius den Schwäbischen Jura, wie er richtig unsere Alb heißt, als sein spezielles Arbeitsgebiet erkoren und von da aus die Grundlagen der modernen Geologie überhaupt geschaffen hat. Besonders interessant wird die Sache an drei Stellen, im Hegau, in der Uracher Alb und im Ries, wo vulkanische Gewalten bei der Gebirgsgestaltung mit im Spiel waren, elementare Kräfte, die, wie das Erdbeben von 1911 beweist, auch jetzt noch nicht ganz erstorben sind. Die Gegend von Urach ist die an Maaren, also an vulkanischen Trichtern reichste Stelle unserer Erde. Darunter befinden sich gewaltig ausgedehnte Tropfsteinhöhlen, etwa siebzig an der Zahl, eine unterirdische Märchenwelt voller Rätsel und Wunder und Tücken, die früh schon die Volksphantasie mächtig anregte. Wo Höhlen sind, da sind Drachen, und wo Drachen sind, da sind auch Schätze verborgen, die von jenen gehütet werden. Und da sind auch verzauberte Jungfräulein, holdselige Königstöchterlein, die jeden Burschen mit Gold und Edelsteinen beschenken, der tapfer den Gefahren der Jungfernerlösung trotzt. Aber in diesen Höhlen, die bei Fackelschein wunderbar erstrahlen wie Prunksäle in Feenpalästen, haben seit alters auch alle Helden des Volks Zuflucht gefunden, die von bösen Feinden verfolgt wurden. So selbstverständlich auch jener Herzog Ulrich, der aus seinem Württemberger Land vertrieben und in der Nebelhöhle, nahe beim Schlößchen Lichtenstein, von einem biedertreuen Untertanen mit Nahrung und Kleidung versorgt wurde. So zu lesen in Wilhelm Hauffs romantischer Sage vom »Lichtenstein«, die ein wahres Volksbuch in Schwaben geworden ist und auch im übrigen Deutschland seit hundert Jahren viele schwärmerische Herzen zu rühren vermocht hat.

Tuttlingen – Schwenningen
Trossingen

Die Wacht gen Südwesten hielt im alten Württemberg am
Rand des Heubergmassivs das Städtchen Tuttlingen im Tal
der jungen Donau, das deshalb mit Türmen, Gräben und
einer doppelten Ringmauer ausgestattet war. Es war eine
richtige Grenzfestung, »Klein-Breisach« genannt, deren
mächtiges Vorwerk der Hohentwiel bildete. Von diesen
Fortifikationen ist nur noch ein kleiner Mauerrest und ein
einziger Turm erhalten, denn 1803 wütete in der Stadt eine
fürchterliche Feuersbrunst, die 500 Familien in wenigen
Stunden obdachlos machte. Der Wiederaufbau geschah
dann nach einem einheitlichen Plan in unübertrefflicher
Regelmäßigkeit, die heute geradezu modern anmutet: ein
Musterbeispiel dafür, daß die sogenannte romantische Zeit
sich von einer falschen Romantik, wie sie für die eklektizisti-
schen Gründerjahre so charakteristisch war, sehr wohl freizuhalten wußte.

Seit alters berühmt waren die Messerschmiede in Tuttlingen.
Aus dieser Tradition heraus wurde in den sechziger Jahren
des 19. Jahrhunderts hier die Fabrikation chirurgischer
Instrumente aufgenommen und mit echt schwäbischer
Gründlichkeit und Fortschrittlichkeit Hand in Hand mit der
ärztlichen Wissenschaft zum Welterfolg geführt. Die Tutt-
linger Aesculap-Instrumente sind in Amerika nicht weniger
als in allen europäischen Ländern, in Asien, Afrika und
Australien die Standardwerkzeuge in den Händen der Ärzte
und haben den Ruhm der kleinen, alten schwäbischen Stadt
an der Donau fester gegründet als alle Siege und Belagerungen früherer Jahrzehnte.

Auch sonst haben sich die Älbler dieser abseitigen Gegend
auf feinmechanischem Gebiet hervorzutun verstanden. Da
ist beispielsweise am Nordosthang des Heubergs das Dörfchen Onstmettingen, einst ein armseliges Pfarrdorf, dessen
Bewohner sich nur karg von den Erträgnissen des steinigen
Bodens ernähren konnten. Im Jahr 1764 zog hier Philipp

Matthäus Hahn als Pfarrer auf. Um der Not und der erzwungenen Faulenzerei seiner Pfarrkinder zu steuern, suchte er, der nicht nur ein bibelgläubiger Pietist, sondern auch als Mechaniker ein Genie war, astronomische Uhren baute und Rechenmaschinen erfand, nach Mitteln und Wegen, sie neben der Landwirtschaft noch sonst nutzbringend zu beschäftigen. Er kam dabei auf die Idee, Hauswaagen herstellen zu lassen, und erfand zu diesem Zweck die sogenannte Schnellwaage, deren Prinzip in den noch heute üblichen Briefwaagen zu erkennen ist. Im Pfarrhaus wurde eine Werkstatt eingerichtet, in der dieser für jede Haushaltung wichtige, zwar äußerste Präzision erfordernde, aber ohne großen Materialaufwand herzustellende Gegenstand unter Anleitung des Pfarrers verfertigt wurde. Heute ist dieses Onstmettingen und das nahebei gelegene Städtchen Ebingen das Zentrum der Präzisionswaagenindustrie ganz Deutschlands, wo alljährlich mehr Waagen geeicht werden als in allen anderen Städten des Reiches zusammen.

Auf der Hochfläche der Baar zwischen Schwarzwald und Alb, nahe dem Ursprung des Neckars, liegt Schwenningen, vor einem Jahrhundert noch ein Bauernhof, heute die bedeutendste Uhrenindustriestadt Deutschlands, von deren Fabriken alljährlich in friedlichen Zeitläuften zehn Millionen Uhren aller Art in die ganze Welt hinausgehen, in idealer Konkurrenz mit der nahebei gelegenen Schwarzwaldstadt Schramberg, der »Fünftälerstadt«, wo Erhard Junghans vor hundert Jahren die moderne Uhrenfabrikation nach amerikanischem Muster einführte. Wo vor wenigen Jahrzehnten noch kleine Bauernhäuser standen, sieht man jetzt Hochbauten aus Beton und Eisen, in denen automatische Maschinen die letzten Trümpfe der Technik ausspielen. Ebenfalls auf dieser Hochfläche, nicht weit von Schwenningen entfernt, liegt das fleißige Trossingen, der Weltmittelpunkt der Harmonikafabrikation, eine der jüngsten schwäbischen Städte, wo auch noch brave, alte Holzhäuser mit Schindelschirmen von der Bescheidenheit der Großväter und daneben moderne Fabrikhallen und behäbige Unternehmervillen von der Bewährungskraft tüchtiger und strebsamer Enkel zeugen.

Neben der Feinmechanik beschäftigt die Textilindustrie in dieser Gegend der Südwestalb viele arbeitsame Hände. Hugenottische Flüchtlinge brachten von Calw aus die mechanische Strickerei beispielsweise nach Ebingen, der mit 730 Metern höchstgelegenen Stadt Deutschlands in dieser Größenklasse. Heute ist Ebingen ein wichtiger Erzeugungsort für Trikotagen aller Art, für Strickmaschinennadeln und außerdem, wie schon bemerkt, für Präzisionswaagen. Hier wie in der benachbarten Oberamtsstadt Balingen, wo besonders auch Schuhe fabriziert werden, haben im Lauf der Jahrhunderte viele Brandkatastrophen die ursprünglichen Städtegesichter gründlich gewandelt; beide Städte sind, wie ja auch Tuttlingen, mit breiten, regelmäßigen Straßenzügen wiedererstanden. Es sind jetzt typisch moderne Industriestädtchen, sauber, rationell, gewissermaßen geschichtslos. Dabei hat Balingen, das an der uralten Schweizer Straße von Stuttgart nach Schaffhausen liegt, früher einmal als Sperrfeste, von der noch ein altes zollersches Amtsschloß mit Graben und Mauerturm erhalten ist, eine nicht unwichtige Rolle gespielt.

Sehenswerter als die Städtchen sind die Berge, die die großartige Staffage dazu bilden. Es sind immerhin beträchtliche Felshänge und steile Kuppen, die bis zu tausend Meter ansteigen: Lupfen, Hohenkarpfen, Dreifaltigkeitsberg mit barockem Wallfahrtskirchlein, Schalksburg, Lochen, Plettenberg, Schafberg und schließlich der Zollern mit seiner siebentürmigen Kaiserburg, einer um die Mitte des vorigen Jahrhunderts mit historisierendem Eifer verfertigten Rekonstruktion der 1423 völlig zerstörten, 1453 neu erbauten, nach dem Dreißigjährigen Krieg aber zerfallenen Stammburg der Zollern. Aus der Ferne gesehen nimmt sich die Silhouette des Schlosses mit seiner Bastion auf dem bewaldeten steilen Kegel ja recht hübsch und malerisch aus; in der Nähe betrachtet ist das freilich eine ziemlich kitschige Theaterkulisse, an der nur die spätgotische Michaelskapelle mit drei kunstgeschichtlich sehr merkwürdigen Sandsteinreliefs wirklich alt und echt ist. Im Jahr 1866 hatten übrigens die Württemberger sich den Spaß gemacht, die so uneinnehmbar scheinende Burg, deren neue Fortifikationen durchaus ernst gemeint waren, nach einem kecken Handstreich kurze Zeit zu besetzen. Das war freilich der einzige Sieg, den die Württemberger damals gegen die Preußen errangen; aber er hat die mitten im schwäbischen Land stehende preußische Trutzburg wenigstens ihres Nimbus beraubt.

Das obere Donautal

Einige Kilometer nordwestlich von Tuttlingen durchbricht die Donau, die bis dahin durch ein breites, von sanft gewölbten Hügeln umfriedetes Tal ihren ungestörten Lauf hatte, in heftigen Windungen den Gebirgsstock der Alb. Diese Durchbruchsstrecke mit ihren mächtigen, steil aufragenden Felswänden, auf denen keck genug alte Burgen und pittoreske Burgruinen sitzen, gehört zu den romantischsten und abenteuerlichsten Landschaftsszenerien des südlichen Deutschland. Vor dem Eingang liegt auf einem freistehenden Hügel über dem Fluß das alte Städtchen Mühlheim mit einem alten Schloß, das mit seinen runden Ecktürmen und den Zwiebelhauben behäbig ins Tal hinabschaut. Über der Stadtmauer, die zum großen Teil noch erhalten ist, hängen neugierige Häuschen wie fürwitzige Luginslande: ein reizvolles mittelalterliches Stadtbild, das durch das stattliche Rathaus, einen Fachwerkbau aus Eichenbalken mit offener Halle im Erdgeschoß, noch stilvoll ergänzt wird. An Fridingen vorbei, auf dessen gegenüberliegender Höhe noch die Ruinen eines frühmittelalterlichen Städtchens zu finden sind, kommt man zu der tief im Wald versteckten Ruine der einst ziemlich großartigen Wallfahrtskirche Mariahilf auf dem Welschenberg, einer Barockschöpfung von 1754, die 1811 aufgehoben und dann einfach dem Verfall und dem Abbruch preisgegeben wurde; das Heiligenbild scheint seinem Namen wenig Ehre gemacht und das Wallfahrten sich nicht so recht gelohnt zu haben.

Nun wird die Gegend immer romantischer. Schloß Bronnen, Burg Wildenstein, Schloß Werenwag und die Ruinen Gutenstein, Falkenstein und Hausen sind ideale Raubritternester, wie sie verwegener nicht zu denken sind; es hat schon allerlei Schwindelfreiheit und harter Fronzwang dazu gehört, um auf diese senkrecht abstürzenden Felsriffe, die zumeist nur mit Leitern zugänglich waren, Türme und Kapellen als Krönung obendrauf zu setzen und die schauerlich gähnenden Klüfte durch Zugbrücken zu überspringen. Idyllischer wird es bei der durch einen eleganten Donaubogen gebildeten Talausweitung, in die das Kloster Beuron gebettet ist. Das war ursprünglich eine schon um das Jahr 1000 gegründete Augustinerabtei, die einige Jahrhunderte unter dem Schutz der Zollern stand. 1803 säkularisiert, wurden Kirche und Klostergebäude 1863 auf Betreiben einer frommen Fürstin von Hohenzollern den Benediktinern überlassen, die hier eine Erzabtei einrichteten, die Gebäude erweiterten und eine eigene Kunstschule gründeten, die den frühchristlichen Stil, mit altägyptischen Ornamenten seltsam untermischt, wiederbeleben zu können glaubt. Da es Tradition auch der protestantischen Hohenzollern war, Beuron zu fördern, stiftete Kaiser Wilhelm II. einen in Bronze gegossenen Kruzifixus, der in der Vorhalle der ursprünglich barocken, dann im benediktinischen Stil archaisierten Kirche aufgestellt wurde. Das benachbarte Inzigkofen war einmal ein Nonnenkloster. Die Kirche von 1780 enthält als Sehenswürdigkeit auf der Empore, wo das Chorgestühl der Nonnen war, ein Gitter mit Blattwerk und Blumen, das die Nonnen, wohl um keine männlichen Handwerker beiziehen zu müssen, unter Vortäuschung von Holzschnitzereien aus Gips und Papier selbst verfertigten; Frauen sollten eben in der Kirche nicht nur schweigen (1. Korinther 14). Heute ist um das ehemalige Augustinerkloster herum, das jetzt fürstliches Lustschloß ist, ein großartiger Park angelegt mit Alpengarten, romantischen Felspartien und

118

künstlichen Grotten, wie so etwas fürstlichem Geschmack seit je entsprochen hat.

Den momumentalen Abschluß des dramatischen Donaudurchbruchs bildet die Stadt Sigmaringen mit ihrem hoch über einer Donauschleife auf steilen Felsriffen erbauten Schloß, der Residenz der Fürsten von Hohenzollern-Sigmaringen. Das Schloß wirkt, vom Tal aus gesehen, gewaltig, wenn auch die eindrucksvollsten Teile nach einem verheerenden Brand von 1893 in renaissancistischer Stilimitation von dem damals viel bewunderten Stilimitator Emanuel von Seidl ausgebaut wurden. Das Schloß birgt bedeutende Sammlungen altdeutscher Kunst. Leben und Treiben in Schloß und Stadt geben noch eine zuverlässige Vorstellung von einer Duodezresidenz jener guten alten Zeit, die wir heute sonst nur noch in Operetten und Filmen wiederfinden. Jeder Platz in dem Städtchen ist mit dem Standbild eines Fürsten von Hohenzollern geschmückt, von denen einem nur wenige Lokalpatrioten verraten können, wodurch diese schönen Männer es verdient haben, in Erz gegossen und öffentlich zur Schau gestellt zu werden.

Reutlingen

Das Gegenteil von einer fürstlichen Residenz ist die alte Reichsstadt Reutlingen. Diese schon im 12. Jahrhundert gegründete, im 14. Jahrhundert durch Freiheitsprivilegien ausgezeichnete Stadt war immer stolz auf ihre große demokratische Überlieferung. Jahrhunderte hindurch hat sie an ihrer selbstgeschaffenen freisinnigen Verfassung festgehalten, die einen alljährlich neu zu wählenden Hohen Rat, bestehend aus 16 Senatoren, 12 Zunftmeistern und einem regierenden Bürgermeister, vorsah. Nie hat sich diese selbstherrliche und höchst eigenwillige Stadt von Kaiser und Reich, geschweige denn von den württembergischen Landesfürsten viel dreinreden lassen und sich immer tapfer gewehrt, wenn sie ihre freiheitlichen Rechte im geringsten bedroht sah. Charakteristisch war ihre Haltung zur Zeit der Reformation: Als erste in Süddeutschland entschied sie sich für die neue Lehre. Ein Sohn der Stadt, Matthäus Alber, führte sie ein, hielt Gottesdienst in deutscher Sprache und heiratete unter dem Beifall der ganzen Stadt. Als er dann wegen Unbotmäßigkeit vor das Reichsregiment nach Eßlingen zitiert wurde, erschien er dort mit fünfzig schwerbewaffneten Reutlinger Stadtsoldaten hoch zu Roß, worauf die Reichsgerichtsräte es für klüger hielten, mit diesem streitbaren Reformator gar nicht erst anzubandeln. Während des Interims 1547 mußten dann freilich auch die Reutlinger ihren Alber ziehen und die Mönche wieder in ihre Mauern hereinlassen. Aber schon ein halbes Jahr später rafften sie sich auf und jagten die Kutten wieder zum Tor hinaus.

Auch die Gründungsgeschichte ihrer schönen Marienkirche ist mit einer gut beglaubigten, für den Geist der alten Reutlinger bezeichnenden Anekdote verbunden. Im 13. Jahrhundert, als Reutlingen noch gut staufisch war, mußten sie wegen Nichtanerkennung des Gegenkönigs Heinrich Raspe eine Belagerung durch den Grafen Eberhard sich gefallen lassen. Die Stadt hielt durch, und die Belagerer mußten schließlich eiligst abziehen unter Zurücklassung eines riesigen Sturmbocks, der im Triumph als Beutestück in die Stadt geschleppt wurde. Zum Dank für ihr Kriegsglück gelobten die Reutlinger den Kirchenbau, für den der erbeutete Sturmbock das Maß abgeben sollte, denn in der Kirche wollten sie dieses Sinnbild ihres Sieges und ihrer Unbesiegbarkeit zum ewigen Gedächtnis aufbewahren. Sie haben diesen nicht gerade christlich zu nennenden Plan dann auch verwirklicht. Die Kirche wurde so groß erbaut, daß der Sturmbock ohne Beeinträchtigung des Gottesdienstes darin Platz fand. Fast zwei Jahrhunderte hindurch verrichteten also die Reutlinger ihre Andacht neben dieser Trophäe in dem erhebenden Gefühl, daß der ungeheure Sturmbock ihre dikken Mauern nicht hatte brechen können. Im Jahr 1517 soll

Nebenstehend: Reutlingen

dann Kaiser Maximilian die frommen Reichsstädter darauf aufmerksam gemacht haben, daß so ein kriegerisches Inventarstück nicht in die Stätte des Friedens passe. Worauf der Sturmbock aus der Kirche geschafft und am Rathaus aufgehängt wurde. Hier ist er dann im Jahr 1726, als fast die ganze Stadt durch einen Brand verwüstet wurde, ebenfalls den Weg alles Irdischen gegangen; er wäre aber auch in seinem ursprünglichen Tabernakel verbrannt, denn was aus Holz war, ist auch in der Kirche in jenen Schreckenstagen zu Asche geworden.

Sie nimmt kunstgeschichtlich einen sehr hohen Rang ein, die Reutlinger Marienkirche, die im 13. Jahrhundert als romanische Basilika begonnen und Mitte des 14. Jahrhunderts in hochgotischem Stil vollendet wurde; als Werk der entscheidenden Übergangsjahrzehnte von der Romanik zur Gotik rivalisiert das Reutlinger Münster mit den berühmten Münstern in Freiburg und Straßburg, deren Baumeister offenbar auch hier beteiligt waren. Den 70 Meter hohen Westturm bezeichnete Dehio als »einen der besten in Süddeutschland, originell, aber nicht anspruchsvoll, klar, kräftig«, womit zugleich gesagt ist, daß er dem Charakter der Reutlinger aufs vollkommenste entspricht. Nach dem Brand, der den Turm in eine mehrere Tage während Weißglut versetzte und natürlich auch die Glocken schmolz, ist dann die Kirche pietätvoll erneuert worden.

Ebenso pietätvoll ist die Stadt wieder aufgebaut worden, und zwar unter Zugrundelegung des alten Planes, eng und winklig wie sie vordem war, so daß also das mittelalterliche Stadtbild im wesentlichen gewahrt geblieben ist: Die alten Reutlinger liebten eben ihre Stadt viel zu sehr, als daß sie nach der Verwüstung sie anders oder gar schöner hätten erstehen lassen wollen. Es ging damals eine Welle von Sympathie für die so schwer geprüften Reutlinger durch das ganze Land Württemberg; alles eilte herbei, um ihnen zu helfen, katholische Nachbargemeinden so bereitwillig wie

Nebenstehend: Urach

die protestantischen Glaubensgenossen; der den Reutlinger
demokratischen Reichsstädtern nicht gewogene württembergische Herzog – es war jener Eberhard Ludwig, der sich
von der Grävenitz um den Finger wickeln ließ ⌐ entsandte
drei Kompanien seiner Leibgarde zur Bewachung der geret-
teten Fahrnis, und der Kaiser gewährte auf zwanzig Jahre
Reichssteuerfreiheit. Die Reutlinger haben sich denn auch
rasch wieder emporgearbeitet und dank ihrem Gewerbefleiß
und ihrer Handelstüchtigkeit jenen behäbigen Lebensstan-
dard erreicht, von dem Hermann Kurz, Reutlingens poeti-
scher Chronist, in seinen Novellen und in seinem Roman
»Schillers Heimatjahre« so anheimelnde Bilder entwirft.
Viel schwerer als jene Brandkatastrophe hat dann die Reutlinger die Entscheidung des famosen Reichsdeputations-
hauptschlusses getroffen, der zufolge auch diese Reichsstadt
unter Preisgabe ihrer Freiheiten württembergisch werden
mußte, weil Napoleon das so für richtig hielt. Ebenfalls bei
Hermann Kurz, der zehn Jahre nach dieser ruhmlosen Liqui-
dierung einer ruhmvollen Vergangenheit in Reutlingen zur
Welt kam, mag man nachlesen, wie schwer den Reutlingern
dieser Übergang ins absolutistische Untertanentum gefallen
ist. Aber schließlich haben sie sich doch von dem Schlag
erholt und ihre Ehre dareingesetzt, im Wirtschaftskampf
ihren Mann zu stellen. Heute ist Reutlingen ein Industrie-
zentrum mit nicht wenigen Firmen von weltbekanntem Ruf,
besonders auf textilem Gebiet. Aber auch die altüberliefer-
ten, für Reutlingen typischen Zünfte der Gerber und Färber,
der Glockengießer und Buchdrucker florieren nach wie vor.
Es bleibt der Stadt unvergessen, daß hier im Jahr 1473 der
erste bibliophile Druck einer Boccaccio-Ausgabe von
Johann Zeiner hergestellt wurde; ein anderer Reutlinger, der
Ruhm erlangte, einen tragischen Ruhm allerdings, ist Friedrich List, der Nationalökonom, der sein Bestes, den politischen Weitblick, die Großzügigkeit des Planens und nicht
zuletzt die Unabhängigkeit seines Charakters, der Vaterstadt verdankte.
Reutlingen liegt an der Echaz, einem kleinen Nebenfluß des

Neckars. Talaufwärts, an dem lustigen Kegel der Achalm und dem durch seine Papierfabriken bekannten Pfullingen vorbei, gelangt man zu einer der reizvollsten Partien der Alb. Farrenberg und Roßberg bezeichnen das Massiv rechter Hand, während Georgenberg, Ursulaberg, Mädchenfels, Schönberg mit gedoppeltem Aussichtsturm und der Fels des Wackersteins gradaus und linker Hand die Kulisse abgeben. Aber die Perle in diesem Kranz ist doch der Lichtenstein mit seinem keck auf steilem Felsen thronenden Schlößchen, das ein von Hauffs Erzählung begeisterter württembergischer Graf auf den Grundmauern einer alten, noch aus dem 14. Jahrhundert stammenden Burg zwölf Jahre nach des Dichters Tod in sozusagen gotischem Stil erbauen ließ. Er hat damit den Wunschtraum aller Backfische und anderer romantisch gestimmter Gemüter verwirklicht. Kaum eine Stunde entfernt ist dann, wie jeder Hauff-Leser weiß, die Nebelhöhle, in der nach der Sage Herzog Ulrich sich verborgen hielt. Hier schlägt, so gut wie am Rhein, das Herz des romantischen Deutschland.

Die Bahnlinie, die von Reutlingen dem Echaztal entlang nach Honau führt, dem eigentlichen Aufstiegsort für den Lichtenstein, geht weiter nach Münsingen, in dessen Nähe sich seit einem halben Jahrhundert ein Truppenübungsplatz befindet. Kurz vor der Stadt kommt man an Grafeneck vorbei, einst, zur Zeit Herzog Carls, eine kleine Lustresidenz, ähnlich der Solitude, mit Schloß und Park und Theater und Kavalierhäusern, die ebenso rasch, wie sie entstanden, bis auf den letzten Stein und das letzte Brett wieder verschwunden sind. Einzig und allein das alte Jagdschloß Herzog Christophs, ein ziemlich plumper, verzopfter Renaissancebau, zeugt noch »von verschwundner Pracht« und von den amourösen Festen, die einst hier gefeiert wurden.

Blaubeuren

Zwischen Münsingen und Ulm liegt Blaubeuren, eingebettet zwischen hochragenden Felsen und steilen Waldhängen im geschützten Winkel, der von den Tälern der Ach und der Blau umschlossen ist. Hier wird ein zweifaches Wunder dieses Landes und seiner Menschen offenbar: die schönste Quelle und der schönste Altar, den die altschwäbischen Meister geschaffen haben. »Der Blautopf ist der große, runde Kessel eines wundersamen Quells bei einer jähen Felswand gleich hinter dem Kloster. Gen Morgen sendet er ein Flüßchen aus, die Blau, welche der Donau zufällt. Dieser Teich ist einwärts wie ein großer Trichter, sein Wasser ist von Farbe ganz blau, sehr herrlich, mit Worten nicht wohl zu beschreiben; wenn man es aber schöpft, sieht es ganz hell in dem Gefäß.« Also zu lesen in Eduard Mörikes wundersamer Historie von der schönen Lau, die im Quellgrund wohnt und im Blautopf ihr Wesen hat.

Die Klosterkirche aber, die mit ihrem schlichten, aus dem Schiff herauswachsenden Turm sich im Teich spiegelt, birgt einen Wandaltar mit doppelten Flügeln, dessen Schnitzwerk, dessen Holzplastiken und Gemälde aus der Leidensgeschichte Christi der erhabenste Ausdruck dessen sind, was schwäbische Herzensinnigkeit und souveräne Beherrschung aller künstlerischen Mittel je zu schaffen vermochten. Die hohen Meister der Ulmer Schule, die Zeitblom, Stocker, Strigel, Gregor Erhart und der jüngere Syrlin haben sich hier zu einer Gemeinschaftsarbeit allerhöchsten Ranges zusammengefunden, so daß sogar der sonst so sachliche Dehio geradezu poetisch wird und die Einzigartigkeit dieser Maria preist, die »in der freien Schönheit und im Ausdruck strahlenden Glücks« nicht ihresgleichen habe.

Das Kloster, eine Gründung des 11. Jahrhunderts, wurde von den Benediktinern in Hirsau besiedelt; die heutige Klosterkirche und die dazugehörigen Gebäude, die mit ihren Gärten noch die ursprüngliche Ummauerung aufweisen, stammen aus dem letzten Jahrzehnt des 15. Jahrhunderts.

Peter von Koblenz war der Baumeister. Bald nach der Reformation wurde das Kloster aufgehoben; seit 1535 ist hier ein evangelisches Seminar untergebracht, in dem die Theologen wie in Urach, Schöntal und Maulbronn auf das Tübinger Stift vorbereitet werden. Sie schlafen in Blaubeuren noch immer in dem wunderschönen holzgetäfelten ehemaligen Dorment der Mönche, speisen in dem Refektorium und hören in der alten Bibliothek ihre Vorlesungen; der Ephorus aber wohnt in der Abtei, die leider im 19. Jahrhundert in mißverstandener Gotik erneuert wurde. Ob katholisch oder protestantisch, die Hauptsache ist, daß hier noch immer die Humaniora gepflegt werden, denen allein der Genius loci hold ist. Hier verbrachte auch die sogenannte Geniepromotion, der David Friedrich Strauß, Friedrich Theodor Vischer und Gustav Pfizer angehörten, von 1821 bis 1825 entscheidende Jugendjahre.

Urach

Mannigfaltige Schicksale hatte das ebenfalls idyllisch in einem Talkessel, an der Mündung der Elsach in die Erms gelegene Städtchen Urach. Es war einmal, solange Württemberg geteilt war, fast ein halbes Jahrhundert Residenz und hat damals, zu Ende des 15. Jahrhunderts, eine große Zeit erlebt. Das war, als Herzog Eberhard im Bart in Urach Hochzeit feierte. Nicht weniger als 14 000 Gäste waren dazu geladen, und aus den Röhren der öffentlichen Brunnen flossen drei Tage lang Rotwein und Weißwein für jeden, den es danach gelüstete. Auch wurde ein monumentales Prunkbett für das fürstliche Beilager geschreinert, das noch heute im sogenannten Goldenen Saal des Schlosses zu sehen ist (im Vergleich mit dem Goldenen Saal des Augsburger Rathauses hat man es freilich mit einer bescheidenen Stube zu tun). Sonst ist von der Residenz nicht mehr viel zu sehen. Gewiß, Urach hat eine wunderschöne spätgotische Stiftskirche, ebenfalls ein Werk des vielbeschäftigten Peter von Koblenz, es hat ein Schloß, das in seiner fachwerklichen Bescheiden-

heit endlich einmal den richtigen Maßstab für das kleine
Land und seine kleinen Fürsten abgibt, und es hat einen
reizenden spätgotischen Christophorusbrunnen, der, ebenfalls in sehr bescheidenem Verhältnis, dem Schönen Brunnen in Nürnberg nachempfunden ist. Aber die Bedeutung,
die Urach nach dem Absinken in den Rang einer gewöhnli-
chen Landstadt sich auf wirtschaftlichem Gebiet zu sichern
wußte, verdankt es sich selbst, dem Fleiß und der Gewerbe-
tüchtigkeit seiner Bewohner. So ist Urach seit drei Jahrhunderten der württembergische Hauptort für die Leinwandweberei und den Leinwandhandel mit einer altberühmten Blei-
che und außerdem ein Zentrum für die Schafzucht und den
Schafhandel mit einem traditionellen Schäferlauffest alljährlich an Jakobi. Der Umstand, daß hier in einem alten
Mönchshof, der einst den Brüdern vom gemeinsamen Leben
gehörte, seit 1818 ebenfalls ein theologisches Seminar untergebracht ist, gibt der Stadt das Ansehen einer kleinen Hoch-
burg oder wenigstens eines Vorwerkes der Wissenschaften.
Westlich von der Stadt liegt auf bewaldeter Höhe die Ruine
Hohenurach, einst der Herrschaftssitz der Württemberger
bis zum Schloßbau drunten in der Stadt. Im 16. und 17.
Jahrhundert diente die Burg als Staatsgefängnis, dessen
berühmtester Bewohner der Humanist Nikodemus Frischlin
war, Philolog und Poet dazu, ob seiner witzigen Zunge den
Tübinger Professoren, seinen Kollegen sowie dem Herzog
und seinen Räten verhaßt. Sie haben den Landesflüchtigen
schließlich durch eine gemeine List zur Strecke gebracht und
in Hohenurach eingekerkert, von wo der freiheitsdurstige
Mann einen tollkühnen Fluchtversuch über die Felswände
hinabwagte. Aber das aus einem Leintuch verfertigte Tau
war zu kurz und die Felswand zu hoch: Frischlin stürzte zu
Tode. Der Herzog, der dieses Leben auf dem Gewissen
hatte, war jener Ludwig, von dem ein württembergischer
Hofhistoriker vorsichtig bemerkte, daß seine Regierungsfä-
higkeit »durch die Neigung zu scharfen Zechgelagen« beein-
trächtigt gewesen sei. Ein Säufer also war es, der diesen
witzigsten und begabtesten Kopf des Herzogtums in den

Tod trieb. David Friedrich Strauß hat als Biograph das Andenken des genialen Mannes mit bewährter Ritterlichkeit wachgehalten.

Einem andern, einst prominenten Mann, der auf Hohenurach vier Jahre gefangen saß und schließlich auf dem Uracher Marktplatz öffentlich enthauptet wurde, hat in Württemberg niemand eine Träne nachgeweint: Es ist Matthäus Enzlin, der Kanzler des absolutistisch sich gebärdenden Herzogs Friedrich. Enzlin hatte es als spitzfindiger Jurist so weit gebracht, daß sein Herzog, unabhängig von der Landschaft und in krassem Widerspruch mit dem Tübinger Vertrag, mit den Finanzen selbstherrlich schalten und walten konnte. Nach des Herzogs plötzlichem Tode wurde Enzlin verhaftet und der Bestechlichkeit und räuberischen Erpressung überführt: Er hatte sich in wenigen Jahren auf Kosten des Volks eine Million Gulden zu ergaunern verstanden.

Teck, Neuffen, Reußenstein, Drackenstein sind die beliebten Ausflugsorte der Uracher Alb. Den berühmtesten Namen trägt die Teck, an deren Fuß das Städtchen Kirchheim liegt, einst Witwensitz so mancher schwäbischen Herzogin. Im Bauernkrieg wurde die einst mächtige Fürstenburg mit ihren Türmen, Toren und Bastionen zerstört. Das Geschlecht der Herzöge von Teck ist schon um 1400 ausgestorben, doch wurde der Titel 1871 für einen Sohn des Herzogs Alexanders erneuert, dessen Tochter Mary von Teck (aus einer Ehe mit einer englischen Prinzessin) dann die Gemahlin König Georgs V. von Großbritannien wurde. So wanderte der Name dieses Albbergs nach England und wird dort in der Königsfamilie weitergeführt, der Berg selbst aber ragt noch immer wie ein vorgeschobener Wachtposten mit seinem koketten, neugierigen Aussichtsturm mitten im schwäbischen Land empor.

Nicht so lieblich, eher trotzig und gewaltig zeichnet sich auf einer Berghalbinsel die Felskuppe des Hohenneuffen ab, wo noch bedeutende Reste des mittelalterlichen Burgkerns mit später vorgelegten runden Geschütztürmen sich erhalten haben. Hier muß einst eine kolossale Festung mit Kasernen und Kasematten angelegt gewesen sein. Später wurde auch sie Staatsgefängnis, dessen berüchtigtster Insasse der Jude Süß gewesen ist. Seit anderthalb Jahrhunderten ist sie dem Verfall preisgegeben, neben dem Hohentwiel die größte Burgruine Deutschlands. Erhalten hat sich von dem hier einst mächtigen Geschlecht nur der Name des Minnesängers Gottfried von Neuffen (1235–1273), dem wir einige zarte Liebeslieder verdanken.

Geislingen – Göppingen – Gmünd
und die Kaiserberge

Eine Sonderstellung unter den Städten der Alb nimmt Geislingen ein. Das war ein unbedeutendes, seit dem 14. Jahrhundert zum Gebiet der Reichsstadt Ulm gehöriges Städtlein, dessen Bewohner als eine Spezialität Drechslerwaren aus Holz, Bein und Elfenbein herstellten und diese auch, selbst hausierend, vertrieben. Christian Friedrich Daniel Schubart, der Dichter, Journalist und Komponist, war hier sechs saure Jahre lang Präzeptor an der Lateinschule und stöhnte erbärmlich unter der Enge und Philistrosität dieser Kleinstadt, aus deren Honoratiorenkreisen er sich seine Frau gewählt hatte; als er dann endlich das glanzlose Geislingen mit der so viel glanzvolleren Residenz Ludwigsburg vertauschte, rutschte er freilich sehr rasch auf dem glatten Parkett aus und wurde von Herzog Karl des Landes verwiesen.

Für Geislingen brach eine neue Zeit an, als die Bahnlinie von Stuttgart nach Ulm über Geislingen geführt wurde und das ehedem so verkehrsferne Städtchen im engen Tal der Rohrach, oberhalb der Vereinigung mit der Fils, der Ausgangspunkt für die steile Fahrt aufwärts zum Kamm des Gebirges ins Hochtal der Lone wurde, eine der kühnsten, aus dem

Nebenstehend: Hohenstaufen

130

Fels gebrochenen Bahnlinien Deutschlands mit der respektablen Steigung von 1 : 43, die von den schwersten Zügen nur durch Vor- und Rückspann von je zwei weiteren Lokomotiven überwunden werden kann. Bald nach der Bahneröffnung begann die Industrialisierung des Städtchens, das heute der Sitz einer der größten und vielseitigsten metallverarbeitenden Industriefirmen Deutschlands ist. Von ihren Felsen und Wäldern und Burgruinen konnten die alten Geislinger sich wohl nicht ernähren; die modernen Werksanlagen mit ihren Maschinenhallen, die jetzt eine Stadt in der Stadt bilden, geben Tausenden fleißiger und geschickter Älbler ein auskömmliches Brot.

Das Städtedreieck Geislingen-Göppingen-Gmünd umschließt den Teil der Alb, der weniger pittoresk, aber geschichtlich und mythisch um so bedeutsamer ist. Hier stehen die altberühmten Kaiserberge, der Hohenstaufen, der Stuifen und der Rechberg. Als Kaiserberg im eigentlichen Sinn ist freilich nur der Hohenstaufen zu betiteln. Am Fuß des wunderschön geformten Bergkegels, der als isolierter Vorberg unbestreitbar etwas Majestätisches hat, liegt im Tal das Dörfchen Wäschenbeuren und dabei das Wäscherschlößchen, ein Vorwerk der abgegangenen Burg Beuren, von wo die Staufer, bis ins 11. Jahrhundert Herren von Beuren genannt, ausgegangen sind. Die Burg auf dem Staufen wurde 1070 erbaut. In den anderthalb Jahrhunderten ihrer Macht waren die sechs Kaiser allerdings nur selten auf ihrer Stammburg zu Gast; sie hatten anderswo, im Reich, in Italien, im Heiligen Land, wichtigere Geschäfte. Nach dem Untergang des Geschlechts kam die Burg 1319 an Württemberg. 1525 zerstörten sie die revoltierenden Bauern, doch wurde sie dann offenbar wieder notdürftig instand gesetzt und noch 1737 mit neuen Befestigungswerken ausgestattet. Eine militärische Bedeutung hat sie aber nicht mehr erlangt. Das für Altertümer so pietätlose 18. Jahrhundert und auch die für Ruinen schwärmende Romantikerzeit haben nichts

Nebenstehend: Wäscherschlößchen

133

getan, um den allmählichen, völligen Zerfall zu hindern, im Gegenteil, man nützte die Trümmerstätte als bequemen Steinbruch für Göppinger Neubauten und riß schließlich auch noch den letzten mächtigen Turm nieder aus Furcht, er könnte einstürzen und Menschen und Häuser im Tal gefährden. Man hat also in seiner alten Heimat das Gedächtnis dieses großen Geschlechts nicht eben mit Ehrfurcht gewahrt. Aus dem wenigen, was noch an Ort und Stelle geblieben ist, kann man nur noch einen ungefähren Grundriß rekonstruieren, mehr aber leider nicht. Um so freieren Spielraum hat die von der einstigen Macht und Herrlichkeit des staufischen Reiches träumende Phantasie.

Mehr gibt es auf dem Rechberg zu sehen, wo einst die Herren von Rechberg als staufische Marschälle für Schwaben residierten; sehr viel länger als die Staufen lebte dieses Vasallengeschlecht aber offenbar nicht. Die aus allen Kriegen und Revolutionen unversehrt hervorgegangene sehr stattliche Burg, die mehrfach den Besitzer wechselte, wurde 1865 bei einem Wintergewitter durch Blitzschlag verwüstet und nicht wieder instand gesetzt; geblieben ist eine imponierende Ruine, deren Torhäuschen noch bewohnbar ist. Nicht weit davon steht das barocke Wallfahrtskirchlein »zur schönen Maria«, das das Kommen und Gehen der ritterlichen Geschlechter überdauert hat.

Der dritte der Kaiserberge, der kahle Stuifen, nach Form und landschaftlicher Umgebung so beherrschend wie der Staufen, hat als einziger Berg der Gegend merkwürdigerweise nie eine Burg getragen; er ist der einzige geschichtslose Berg in dieser geschichtlich so trächtigen Gegend, mit einem Rundblick vom Schwarzwald der Kette der Alb entlang zum Schurwald, Welzheimer Wald und bei sichtigem Wetter bis zu den Alpen.

Die Städte Göppingen und Gmünd sind staufische Gründungen. In Göppingen ist davon freilich nichts mehr zu sehen, denn die Stadt ist zweimal, zuletzt 1782, fast ganz

Nebenstehend: Göppingen

abgebrannt und dann nach einem sehr nüchternen, rationellen Plan, wie ihn die aufgeklärte Zopfzeit für schön befand, in regelmäßigen Quadraten wieder aufgebaut worden. Sie hat eine renaissancistische Stadtkirche von Schickhardt, dessen Stärke ja nicht gerade in Kirchenbauten lag, und ein massiges, durch runde Ecktürme charakterisiertes Schloß, an dem der Binnenhof mit den Treppentürmen das Sehenswerteste ist. Ein Unikum ist die eine der freitragenden Wendeltreppen, deren Unterseite mit reicher Rebstockornamentik und einem ganzen Tierpark, von den Amseln und Drosseln bis zu Bären und Wildsäuen, geschmückt ist: ein mit staunenswertem Fleiß ausgeführtes Steinmetzprunkstück des 16. Jahrhunderts. Heute ist Göppingen eine bedeutende Industriestadt; von hier stammen die ingeniösesten Metallspielwaren, Eisenbahnen, Dampfmaschinen, Baukästen, die die Bubenwelt aller Länder kennt.

Den Charakter einer alten Stadt hat im Gegensatz zu Göppingen das seit dem 14. Jahrhundert reichsstädtische, vorwiegend katholische Gmünd sich noch wohl erhalten. Der Witz, daß der Name von »Gaudium mundi« abzuleiten sei, ist nicht so abwegig, denn die Gmünder haben es immer verstanden, sich des Lebens zu freuen. Nicht weniger als achtzehn Kirchen und sechs Klöster hatte die Reichsstadt aufzuweisen, als sie 1803 an Württemberg kam. Von diesen Kirchen gehören zwei zu den kunstgeschichtlich bedeutsamsten Bauwerken Schwabens. Aus staufischer Zeit stammt die Johanniskirche, eine romanische, flach gedeckte Pfeilerbasilika von 1220, mit einem später daneben gesetzten frühgotischen Turm, der mit seinen überaus steilen Eckschrägen im mittleren Teil unter dem arkadendurchbrochenen Achteck sehr unkirchlich trotzig und wehrhaft wirkt. Den feinsten Reiz an der vom Kloster Lorch erbauten Kirche aber machen die überall über die Mauern, an den Fenstern und Portalen verstreuten Reliefbilder aus, die eine höchst merkwürdige, wunderbar naive Menschen-, Tier- und Fabelwelt

Nebenstehend: Schwäbisch Gmünd

darstellen, antike und christliche Mythen seltsam durcheinandermischend: Da sieht man Zentauren und Bogenschützen mit Vogelleib und Drachenschwanz, Jäger mit Hunden und Ritter mit springendem Roß, dazwischen eine Kreuzigung und die staufischen Löwen. Es ist eine unerschöpfliche heidnisch-christliche Fabulierlust, die sich ohne jeden architektonischen Zweck spielerisch hier ausgelebt hat: eine liebenswürdige und drollige Biblia pauperum.

Die Hauptkirche ist die Stadtkirche zum Heiligen Kreuz, die als die früheste Hallenkirche Schwabens mit Hallenchor eine kunstgeschichtliche Sonderstellung einnimmt. Sie ist ein Werk der berühmten Gmünder Baumeisterfamilie der Parler, die von hier aus sich mit beispielloser schöpferischer Kraft nach Freiburg und Basel, Mailand, Prag und Brünn verzweigt hat, überall die großartigsten Kirchenbauten schaffend. Das Gmünder Münster, dessen Baubeginn um 1320 anzusetzen ist, hatte einst zwei noch aus romanischer Zeit stammende Chortürme, die 1490 bei der Einwölbung zusammenstürzten und dann nicht wieder aufgebaut wurden. Es ist also ein turmloses Münster, und das ist immerhin etwas Apartes. Ein Torturm des alten Kirchhofs, dem ein großartiger hölzerner Pyramidenhelm aufgestülpt wurde, dient in ziemlicher Entfernung vom Münster als Glockenturm.

Bei einem Gang durch die Straßen der Altstadt, von deren Ummauerung zwar leider keine Tore, aber noch einige Türme erhalten sind, darunter der originelle Knöpflesturm, merkt man auf Schritt und Tritt, daß es in Gmünd zu allen Zeiten reiche Bürgerfamilien gegeben hat, die auch Geschmack und Kunstverstand besaßen. Ihren Ruhm und Reichtum verdankte die Stadt hauptsächlich der Gold- und Silberschmiedekunst, die hier seit dem 15. Jahrhundert eine hervorragende Pflegestätte hatte. Gmünder Silber war seit je in aller Welt geschätzt. Es gab Zeiten, und sie liegen noch nicht lange zurück, da ritten die Gmünder Silberschmiedge-

Nebenstehend: Kloster Adelberg

sellen wie große Herren vor ihrer Werkstatt vor, da es unter ihrer Würde war, zu Fuß zur Arbeit zu gehen. Die Kunst, das Geld großzügig wieder auszugeben, liegt den Gmündern ebenso im Blut wie das Verdienen. Sie sind aber auch zäh und anpassungsfähig genug, um durch Krisenzeiten, die einem solchen Luxusgewerbe ja am wenigsten erspart bleiben, mit Humor und neuen wirtschaftlichen Ideen sich durchzukämpfen.

DAS REMSTAL

Schwäbisch Gmünd liegt an der Rems, die parallel zur Fils in den Neckar fließt. Zwischen beiden Flüssen dehnt sich der schmale Gebirgsrücken des Schurwalds, der in seinem Inneren Reste des im Bauernkrieg zerstörten Klosters Adelberg birgt. Die Bautrümmer der Kirche und des Turms wurden später für den Festungsbau in Schorndorf verwendet. Nur die kleine Ulrichskapelle wurde durch ein armes Bäuerlein gerettet, das sich schützend davorgestellt und die Brandschatzenden weinend gefragt hatte, wo es denn künftig beten solle, wenn auch diese Kapelle nicht mehr stehe. Das war der gleiche »helle, christliche Haufe«, der einige Nächte zuvor die alte vieltürmige Kaiserburg auf dem Hohenstaufen ausgeplündert und in Brand gesteckt hatte, so daß die Flammensäulen weithin bis in den Schwarzwald, hinab bis zum Rhein und in die fränkischen Berge zu sehen waren.
Nicht viel besser erging es dem Kloster Lorch, das anno 1102 von dem ersten Staufer, Friedrich von Schwaben, gegründet und mit Hirsauer Mönchen besiedelt worden war. Es ist heute, trotz der landschaftlich so reizvollen Lage auf einem waldumkränzten Hügel, eine melancholisch stim-

Nebenstehend: Schorndorf

mende Erinnerungsstätte an das stolze Kaisergeschlecht, das hier seine Grablege hatte. Vor dem Tor steht noch die alte, vielbesungene Linde; auch sie nur noch eine Ruine, vom Blitz gespalten, aber trotzdem alljährlich von neuem grünend. Erhalten geblieben ist die Kirche, eine romanische dreischiffige Basilika mit der großen steinernen Tumba und den vielen Grabplatten der staufischen Edlen und ihrer Frauen, und ein einzelner schlanker Rundturm, der in späterer Zeit wieder aufgebaut wurde, und daran anschließend der stattliche Bau des Konventshauses und der Prälatur aus dem 16. Jahrhundert. Der ebenfalls noch erhaltene Fruchtkasten mit gediegenem Eichenfachwerk läßt erkennen, wie stattlich der Komplex früher einmal war. Fünf Tage lang haben sich die Bauern in den Maitagen 1525 hier gütlich getan und ohne Respekt vor dem Muttergottesbild noch vor dem Barbarossadenkstein am Tor diese klösterliche Idylle zerstört. Der Abt Sebastian, der gegen die bäuerischen Hintersassen seines Klosters offenbar kein sehr gnädiger und gewiß kein christlicher Herr war, wurde erschlagen, die Mönche verjagt. Kaiser Karl V. hat zwar ein Vierteljahrhundert darnach das Kloster zum Teil wieder aufbauen lassen und mit Benediktinern besetzt, doch hat dieses Interim nur wenige Jahre gedauert. 1553 wurde das Kloster schon säkularisiert und dann einige Zeit als evangelische Klosterschule benutzt. Seither sind Beamtungen darin untergebracht.

In Schorndorf, der nächsten Remstalstadt gegen Stuttgart zu, stand ursprünglich auch eine hohenstaufische Burg, die aber mit dem Ort frühe schon als Lehen an die Grafen von Württemberg kam. Als württembergische Grenzfestung gegen Osten hat das Städtlein in allen Kriegen viel Schlimmes zu erdulden gehabt, Belagerungen, Erstürmungen, Brandschatzungen. Am übelsten erging es ihm im Dreißigjährigen Krieg, als der General Alba sich den Spaß machte, die von den Schweden besetzte Stadt mit glühenden Kugeln zu beschießen. Die Schweden erhielten freien Abzug, plünderten aber vorher die an allen Ecken und Enden brennende Stadt aus, und nicht besser benahmen sich die dann einmarschierenden Butlerschen Dragoner, die sich zwölf Jahre lang hier häuslich niederließen und die Bewohner – es waren zuletzt nur noch 830 – wie Leibeigene behandelten.

Aus diesen nicht gerade ermutigenden Erfahrungen heraus ist es verständlich, daß Bürgermeister und Magistrat keinen Widerstand wagten, als 1688 die Franzosen unter Monclar, denen selbst die starke Reichsstadt Eßlingen ängstlich ihre Tore geöffnet hatte, vor der Stadt standen, und sich sogleich auf Unterhandlungen wegen kampfloser Übergabe einließen. Aber die kleinmütigen Männer hatten die Rechnung ohne ihre Weiber gemacht, die, von dem Kommandanten Krumbhaar heroisch entflammt, den Magistrat samt den Franzosen im Rathaus kurzerhand gefangen setzten, selbst zu den Waffen griffen und sich dabei mit Mistgabeln, Äxten und alten Schwertern so martialisch ins Zeug legten, daß die Franzosen sich schleunigst auf und davon machten. Künkelin hieß die tapfere Bürgermeistersfrau, die dabei das Kommando führte, und ihre Adjutantin war die Hirschwirtin, die Katzenstein hieß.

Von der Altstadt sind infolge der Brände nicht viele Häuser übriggeblieben. Nur das Schloß, die ehemalige Zitadelle, ein Viereckbau mit runden Türmen und säulengeschmücktem Hof vom Jahr 1538, hat die Unglückszeiten heil überstanden. Von der alten Stadtkirche aus dem 15. Jahrhundert mußte später einmal während einer Belagerung der Turm »aus militärischen Gründen« abgetragen werden, und ein Jahrhundert später brannte der Kirchturm aus. Bei den Erneuerungen im 17. Jahrhundert wurden dann die Emporen mit so barock geschweiften Brüstungen eingebaut, daß fast der Eindruck eines Opernhauses entstand. Der Turm wurde gleichzeitig wieder in die Höhe geführt.

Die dritte Stauferstadt im Remstal ist Waiblingen, von dessen Namen sich das Feldgeschrei der staufischen Heere: »Hie Waibling!« herleitete, das dann italianisiert angeblich in dem Parteinamen der »Ghibellinen« wiedererstanden sein soll. Hier, auf einem Hügel über dem linken Remsufer, stand schon 889 eine Karolingerpfalz und 1250 eine »Hofstadt« mit großartiger Burg, von der aber nichts mehr erhalten ist. Nach dem Sturz der Staufer sank diese einstige Residenz zu einem württembergischen Landstädtchen von nur noch provinziellem Rang ab. Doch ist es auch heute noch ein mittelalterliches Städtchen von höchst malerischem Reiz mit buckligen, seltsam gewundenen Gassen, zwei charakteristischen Tortürmen in einem engen, bedeckten Wehrgang, der auf der alten Stadtmauer zwischen den steilgiebeligen Fachwerkhäusern und unter dem Chor der Stadtkirche hindurch die Rems entlang führt. Außerdem hat es zwei schöne alte Kirchen, nämlich die Stadtkirche aus dem 13. Jahrhundert und die außerhalb der Ummauerung gelegene Michaelskirche aus dem Ende des 15. Jahrhunderts. Heute ist das Städtchen, dem Achim von Arnim in seinem Roman »Die Kronenwächter« ein Denkmal gesetzt hat, besonders durch seine Gärtnereien berühmt, in denen die schönsten Nelken Deutschlands gezüchtet werden.

DAS OBERE NECKARTAL

Der Neckar ist der Schicksalsfluß des alten Württemberg. Er ist kein majestätischer Strom wie die Elbe oder die Oder. Er ist nur Nebenfluß des Rheins. Lieblich nannte Hölderlin, der in Lauffen am Neckar Geborene und in Nürtingen, ebenfalls am Neckar, Beheimatete, seine Wiesen und Uferweiden, und hold erschienen ihm die Hügel, die seinen Lauf säumen. Bei Schwenningen, auf der Hochfläche der Baar zwischen Schwarzwald und Alb, entspringt er und hat bis Tübingen schon rund 400 Meter Gefälle hinter sich gebracht. Von da bis zum Verlassen des Landes bei Gundelsheim geht es dann sanft ohne starkes Gefälle weiter.

Zieht man den Lauf des Neckars auf der Landkarte nach, so ergibt sich eine wunderhübsche, sozusagen fröhliche Kurve.

Sie ist zuerst, bis Horb, ziemlich genau nördlich gerichtet und wegen des Durchbruchs durch die Schichten des Lias, Keupers und Muschelkalks vielfach gewunden. Von Horb an verläuft sie im breiter sich dehnenden Tal über Rottenburg und Tübingen an den Albvorbergen entlang nach Nordosten und wird dann bei Plochingen durch die Höhen des Schurwalds in scharfem rechtem Winkel nach Nordwesten abgelenkt. Er ist sozusagen ein konzilianter Fluß, der sich nicht mit Gewalt in die Stirnseite eines bergigen Hindernisses hineinfrißt, sondern lieber linksum macht und sich dahin wendet, wo sich keine Hindernisse entgegentürmen. Von Cannstatt ab ist der Lauf, vielfach verschnörkelt, so daß die Verkehrsstraßen ihm oft nicht folgen können, nordwärts ausgerichtet, vorbei an steilen, felsigen Muschelkalkwänden, auf denen der gute Neckarwein im prallen Sonnenschein wächst. Noch charakteristischer als die Weingärten sind aber die Obstbaumwälder, die sich über die Neckarhügel hinziehen; nirgends in Deutschland gibt es im Verhältnis zur Raumausdehnung mehr Obstbäume, und zwar durchweg hochgezüchtetes Tafel- und Mostobst, als im Tal des mittleren und unteren Neckars. Hier ist ältester deutscher Kulturboden.

Rottweil

Auf beherrschender Höhe gegenüber einer engen Neckarschleife liegt, durch steile Schluchten gut gesichert, nur wenige Kilometer vom Neckarursprung entfernt, die Stadt Rottweil in unmittelbarer Nähe einer einst bedeutenden römischen Siedlung, die als »Arae Flaviae« bekannt war. Der Hochturm, das Wahrzeichen der Stadt auf dem höchsten Punkt im Westen, ist auf römischen Grundquadern errichtet. Eine Menge römischer Funde, Tongefäße, Schmuckgegenstände, Mauerreste, darunter auch ein kunstvoller Mosaikfußboden mit dem leierschlagenden Orpheus, beweisen, daß die Siedlung nicht nur militärischen Zwecken diente. Im 8. Jahrhundert wurde hier dann eine kaiserliche Pfalz gegründet, mit der später ein kaiserliches Hofgericht mit Geltung für ganz Süddeutschland und das Elsaß verbunden war; der Hofgerichtsstuhl unter der alten Linde und die Armsünderkapelle nicht weit davon sind noch erhalten. Im 13. Jahrhundert wurde Rottweil dann freie Reichsstadt, die sich gegen Fürsten und Grafen wacker zu wehren wußte. Einige der Türme und Tore und der zum größten Teil wohlerhaltene Stadtgraben lassen noch gut erkennen, daß es nicht leicht war, dieser wohlbefestigten Bergstadt beizukommen, die sich überdies bei den eidgenössischen Städten einen Rückhalt zu verschaffen gewußt hatte und eine Zeitlang sogar der Eidgenossenschaft als Mitglied beigetreten war. Wie eng zeitweise die Beziehungen Rottweils zur Schweiz waren, läßt sich noch heute in den alten Straßen ablesen: Die durch mehrere Stockwerke durchgehenden dreiseitig vorspringenden Erker, die man an so manchem Patrizierhaus wahrnimmt und die die Straßenfluchten so keck beleben, sind nicht eigentlich schwäbisch, sondern schweizerischer Provenienz.

Die engen Beziehungen zu den Eidgenossen brachen dann plötzlich ab, als Rottweil in den Wirren der Reformation sich standhaft zur alten Kirche bekannte. Dabei ging es nicht ohne heftige Kämpfe ab. Die Gründe, die den Magistrat dazu bewogen, mit Rutenstreichen gegen seine lutherischen Mitbürger vorzugehen und sie schließlich aus der Stadt zu verjagen, waren freilich nicht durchaus idealer Art: Kaiser Karl hatte nämlich gedroht, der Stadt das Hofgericht zu nehmen, wenn sie nicht bei der katholischen Stange bleibe. Da damit aber große wirtschaftliche Vorteile verbunden waren, erschien alles, was lutherisch gesinnt war, nach bewährter Methode nicht nur als Ketzer, sondern zugleich auch als schlechter Patriot. Der also betätigte Glaubenseifer war trotzdem für Rottweil ein schlechtes Geschäft; die Stadt behielt zwar ihr Hofgericht, das im Jahr 1787 zum letztenmal tagte, aber der Wegzug der rund 400 zumeist wohlsituierten Familien mit all ihrem Besitz war ein so schwerer wirtschaftlicher Schlag, daß die Stadt sich von diesem Aderlaß so bald nicht erholte, zumal da sie nun als katholische Reichsstadt völlig isoliert dastand. Der Dreißigjährige Krieg und die französischen Revolutionskriege haben dann noch mehr zur Verelendung der einst so stolzen Stadt beigetragen, die sich erst unter der württembergischen Oberhoheit langsam wieder erholte.

Dem Kunstfreund hat Rottweil noch immer viel zu bieten. Die Stadtkirche zum Heiligen Kreuz, eine der schönsten gotischen Kirchen des Landes, gibt für den, der zu lesen versteht, vortrefflichen Anschauungsunterricht über die stilistische Entwicklung des Kirchenbaus von 1200 bis etwa zur Mitte des 16. Jahrhunderts, also von der Romanik über die gotischen Stufen bis zu der noch gotisierenden Renaissance. Ein Prachtstück der Turmbaukunst ist der 70 Meter hohe Turm der Kapellenkirche zu Unserer lieben Frau mit einem viereckigen hochgotischen Unterbau, flankiert von zwei ungleich hohen Schneckentürmchen, und darüber einem zweistockigen spätgotischen Achteck. Das großräumige Münster, das man hinter einem so bedeutenden Turm vermutet, ist dann freilich nicht vorhanden; das ursprüngliche Schiff ist mit seinen Gewölben 1721 eingestürzt und durch eine barocke Halle von bescheidenen Dimensionen ersetzt worden. Ein besonders stolzer Besitz der Stadt, in seiner Art einzigartig, ist die in der Lorenzkapelle sehr stimmungsvoll untergebrachte Sammlung altschwäbischer Holzplastiken, darunter viele Meisterwerke von höchstem kunsthistorischem Rang. Die Stücke, meist während der Barockzeit aus den Kirchen Oberschwabens als altmodisch ausrangierte Statuen, wurden Mitte des vorigen Jahrhunderts von einem pietätvollen und kunstverständigen Mann aus alten Speichern und Bodenräumen zusammengetragen und so vor dem Ruin gerettet. Damals war es noch leicht, aber auch um so verdienstvoller, sich als Kunstsammler zu betätigen.

Oberndorf – Horb
Rottenburg

Einige Städte am oberen Neckar gehörten wie große Teile Oberschwabens bis in den Beginn des 19. Jahrhunderts zu Vorderösterreich. So Oberndorf, Horb und die jetzige Bischofsstadt Rottenburg, während Sulz, durch seine Salzquellen und seine Salzlager von zeitloser Bedeutung, seit dem 15. Jahrhundert immer gut württembergisch und daher protestantisch war. Getreu der habsburgischen Parole hielten die österreichischen Städte selbstverständlich zur alten Kirche und bemühten sich während der Gegenreformation durch nicht eben zimperliche Behandlung der Ketzer und durch Hexenprozesse ihre Rechtgläubigkeit drastisch zu dokumentieren. So hat beispielsweise in Oberndorf von 1637 bis 1648 ein »Malefizgericht« gegen Hexen und Hexenmeister, die bei der Ruine Wasenegg im Wald ihr nächtliches Unwesen treiben sollten, in Permanenz getagt und zahllose mißliebige Frauen und Männer gefoltert und verbrannt. In Horb kamen einmal neun Weiber als Hexen auf den Scheiterhaufen, weil sie für ein Hagelwetter verantwortlich gemacht wurden. Am tollsten trieben es die Rottenburger, die die Protestanten nicht nur aus ihrer Stadt verbannten, sondern zehn besonders hartnäckige Bürger, die angeblich zur Wiedertäufersekte gehörten, auch noch mit glühenden Zangen zwickten, bevor sie sie lebendigen Leibes verbrannten. Ihre Weiber wurden im Neckar ertränkt. Greise, die hoch und heilig schworen, daß sie rechtgläubig seien, mußten sich für alle Fälle die Zunge spalten lassen, bevor man sie laufen ließ. Das geschah 1527. Es ist vielleicht kein Zufall, daß in den gleichen Städten, die derartiges auf öffentlichem Markt als nützliches Spectaculum inszenierten, die Fastnachtsfeierlichkeiten mit uralten heidnischen Gebräuchen seit je mit besonderem Radau kultiviert wurden; Narrenfreiheit, wenigstens eine Woche lang im Jahr, tut not, wo man sonst nichts zu lachen hat.
Selbstverständlich gibt es in diesen einst österreichischen

Städtchen überall stattliche Kirchen und große Klosterbauten, die heute fast allesamt profanen Zwecken dienen. So war beispielsweise in Oberndorf in einem Teil des ehemaligen Augustinerklosters seit bald hundert Jahren die einst weltberühmte Waffenfabrik von Mauser untergebracht und in Rottenburg im Franziskanerinnenkloster eine Bierbrauerei mit Kegelbahnen im alten Klostergarten. Von einer Pietätlosigkeit kann man dabei trotzdem nicht immer reden, denn die Nonnen in dieser »oberen Klause« waren schon vor der Säkularisierung von Kaiser Joseph 1752 wegen Liederlichkeit davongejagt und ihr Kloster aufgehoben worden.

Während Horb ähnlich wie Besigheim auf einem steilen Bergrücken über dem Fluß terrassenartig gelagert ist — ein sehr reizvolles, in seiner »Buckligkeit« also typisch schwäbisches Stadtbild —, ist Rottenburg nach Überwindung des engen Muschelkalktals in ein breites, freundliches Wiesental gebettet, dem sogar Rebhänge nicht fehlen. Das hübsche, turmreiche Städtchen nimmt insofern eine Sonderstellung ein, als es seit 1828 die Residenz des Bischofs ist. Es ist wohl, was die kirchlichen Bauten betrifft, die bescheidenste Bischofsstadt Deutschlands. Zwar ist ein Dom zum Heiligen Martin da, eine spätgotische, dreischiffige Hallenkirche, deren Turm einen bis zur höchsten Spitze wunderschön durchbrochenen Helm aufweist; es sind auch noch zwei andere Kirchen und mehrere Kapellen vorhanden, die kunstgeschichtlich bedeutsam sind. Aber vorherrschend ist doch der Charakter eines idyllischen Landstädtchens, das nicht verleugnen kann, daß ihm die hohe residenzliche Ehre erst sehr spät zugewachsen ist. Etwas Großartiges hat ja immerhin das aus dem 17. Jahrhundert stammende ehemalige Jesuitenkloster, das jetzt als Prälatur dient. Das einstige Karmeliterkloster unmittelbar am Fluß ist jetzt Priesterseminar, die dazugehörige kleine Kirche Übungslokal für die angehenden Prediger.

Seltsam zu denken, daß die Stadt, die vor fast zwei Jahrtausenden an dieser selben Stelle an diesem selben Fluß stand,

größer und menschenreicher war als die heutige Bischofsstadt. Denn hier war das römische Sunnelocenna, und was
in ihrer näheren und weiteren Umgebung an Mauerresten
ausgegraben wurde, beweist, daß hier wie in dem benachbarten Rottweil eine stark befestigte Siedlung bestand mit
Aquaedukten, die von überall her Quellwasser in die Häuser
leiteten, und mit einem Amphitheater, das für Tausende von
Zuschauern Platz bot. Statuetten von Wisent und Ur, die
hier gefunden wurden, machen uns anschaulich, wie aben-
teuerlich die Jagd damals in den benachbarten Urwäldern
noch vonstatten ging. Als dann die Alemannen das Oppi-
dum überrannten, blieb von der ganzen Herrlichkeit nicht
viel mehr als einige wohlfundierte Grundmauern übrig, auf
denen neue Festungswerke erstellt wurden, die dann ebenfalls im Lauf der Jahrhunderte in Trümmer fielen. Wozu in
jenen Zeiten Jahrhunderte vonnöten waren, geschieht heute
etwas rascher. Man nennt das Fortschritt.
Zwischen Rottenburg und Tübingen, ein wenig abseits vom
großen Verkehr und der Bahnlinie, steht auf anmutig sich
erhebendem Bergkegel die Wurmlinger Kapelle, weltberühmt durch Uhlands »Droben stehet die Kapelle«. Uhland
war aber nicht der einzige, der sich durch das hübsche
Bergkirchlein poetisch anregen ließ: Schwab, Kerner, Lenau
und zahllose Spätere haben es bedichtet, aber Uhlands Lied
allein hat den Volkston und ist haftengeblieben. Schon ums
Jahr 1050 wurde die Kapelle inmitten eines rings ummauerten Friedhofs hier erbaut. Im Dreißigjährigen Krieg fanden
Marodeure auch zu dieser Idylle den Weg und zerstörten
heldenhaft das ehrwürdige Kirchlein, von dem nur die
Krypta erhalten blieb. 1682 wurde die Oberkirche neu
erbaut. Das war insofern für die ganze Gegend eine Her-
zensangelegenheit, als der Stifter, ein frommer Graf von
Calw, testamentarisch bestimmt hatte, daß alljährlich am
Gründungstag, dem Dienstag nach Allerseelen, hier unter
Assistenz aller Geistlichen der Umgegend eine Prozession zu

Nebenstehend: Rottenburg

150

veranstalten und eine Seelenmesse zu lesen und zum Dank
dafür allen Beteiligten ein Festmahl zu bereiten sei, für das
drei große Sauen und ein dreijähriger Farren geschlachtet
und gebraten werden mußten. Außerdem gab es Geflügel
und Backwerk, dreierlei Wein und dreierlei Bier in Trinkge-
fäßen nicht unter zwei Maß. Was die Pfarrer und die
ebenfalls stets geladenen Rottenburger Beamten nicht ver-
zehren konnten, wurde den Armen und den Bettlern verab-
reicht, die in großer Zahl an diesem Wurmlinger Jahrestag
hier zusammenströmten. Leider hat eine humorlose und
wenig volksfreundliche Regierung diesen nahrhaften
Brauch, weil es dabei oft gar zu fidel zugegangen sei, im Jahr
1821 durch Geldbenefizien abgelöst; die armen Leute gingen dabei leer aus.

Tübingen

Tübingen am Steilufer des Neckars, da wo vom Nordwesten
die Ammer und vom Süden die Steinlach münden, ist der
Sitz der einzigen Landesuniversität. Das ist eine hohe Ehre
und ein Vorrang vor allen anderen Städten. Wie oft in der
Geschichte, hat auch bei der Gründung dieser Universität
der Zufall mitgespielt: Wäre damals das Land Württemberg
nicht das einzige Mal in seiner Geschichte zwischen zwei
Brüdern geteilt gewesen, so wäre die Universität zweifellos
nach Stuttgart gekommen. Aber der Uracher Teil, der jenem
Gründer Eberhard gehörte, hatte als Hauptstadt Tübingen;
eine bessere Stadt für eine Universität besaß er nicht.
Es hat denn auch nie an Stimmen gefehlt, die dagegen
protestieren, daß das kleine, bucklige Tübingen für alle
Zeiten Universitätsstadt bleibe, bloß weil dem Gründer
Stuttgart verschlossen war. Der lauteste Rufer in diesem
Streit war der Ästhetiker Friedrich Theodor Vischer, dessen
Collegia für so wichtig gehalten wurden, daß Tübingen und

Nebenstehend: Wurmlinger Kapelle

153

Stuttgart sich um die Ehre stritten, den berühmten Landsmann zu den Ihren zu zählen. Vischer las denn auch lange an beiden Hochschulen gleichzeitig, dann semesterweise abwechselnd und schließlich sich für das weitläufigere Stuttgart entscheidend. Vischer, der das Hin- und Herfahren lästig fand und also immerhin nicht ganz selbstlos an dieser Frage interessiert war, vermißte in Tübingen vor allem die Errungenschaften der modernen Zivilisation: Die kleine Stadt war ihm nicht sauber, nicht hygienisch, nicht komfortabel genug. Er sagte ihr nach, daß die gescheitesten Professoren darin mit den Jahren verbauerten und versauerten, nicht nur äußerlich, sondern auch geistig. Er ist mit seinen Lamentationen gottlob nicht durchgedrungen, so wenig wie später die in Tübingen aufgewachsene Isolde Kurz, die mit ihrer Philippika gegen die Tübinger Philister die alte Musenstadt auch nicht zu diskreditieren vermochte.

Man kann selbstverständlich in Tübingen verbauern, aber man kann es in Stuttgart oder einer andern Großstadt nicht weniger. Ein hohler Kopf wird hier wie dort nicht ergiebiger. Vischer war bekanntlich ein sehr eitler Herr, dem es nicht wohl war, wenn er sich nicht beachtet und bewundert fühlte. In Tübingen aber fehlten die schöngeistigen Herrschaften, die an dem kleinen Professor emporschauten; die »Gogen«, wie die Weingärtner heißen, die in der verwinkelten unteren Stadt wohnen, hatten für Ästhetik nie viel übrig, und die akademischen Bürger, lehrende wie lernende, waren nicht das schwärmerische und unkritische Publikum für diesen selbstgefälligen Rhetor. Außerdem war ihm hier seine Ehe in die Brüche gegangen, was ihm das Milieu noch mehr verleidete. Das mit so viel Fleiß ausgearbeitete »Memoire« Vischers über die Verlegung der Universität von Tübingen nach Stuttgart aus dem Jahr 1867 wurde denn auch ohne weiteres ad acta gelegt.

Man kann es zwar nicht beweisen und nicht mit Händen greifen und muß es doch für wahr halten: Was den Ruhm der bald fünfhundertjährigen Tübinger Alma mater ausmacht, hätte anderswo und auch in Stuttgart nicht ebenso gedeihen können. Jedenfalls ist das evangelisch-theologische Stift, diese reichste Pflanzstätte des schwäbischen Geistes, nirgend sonstwo denkbar als in dem lieben alten Tübingen und in diesem ehemaligen Augustinerkloster am hohen Ufer des Neckars, von wo aus die herrlichen Alleen und dahinter die Berge der Alb zu sehen sind. Hier haben die Besten unseres Geistes ihre entscheidenden Jugendjahre erlebt, hier haben sie geschwärmt und geliebt, gedichtet und spintisiert und fleißig gelernt: der große Johannes Kepler, dann Hedinger, Bengel, Oetinger, die Väter des schwäbischen Pietismus, ferner Schelling, Hegel, Hölderlin, Mörike, Strauß und Hermann Kurz. Und wie die protestantische Theologie ihre »Tübinger Schule« und in Ferdinand Baur ihren Meister hatte, so auch die katholische Theologie, die seit 1817 im ehemaligen Collegium illustre, nicht gar weit vom evangelischen Stift entfernt, ihre Fakultät und ihr Seminar besitzt. Es ist schon oft, gerade auch von katholischer Seite betont worden, wie anspornend und vertiefend diese Nachbarschaft der beiden theologischen Fakultäten in der kleinen Stadt sich ausgewirkt hat.

Man darf denn auch mit Fug und Recht von einer Tübinger Tradition reden, die sich nicht nur im schwäbischen, sondern im deutschen Geistesleben als schöpferisch erwiesen hat. Diese Tradition ist die Synthese aus zwei widerstreitenden Komponenten: Sie ist humanistisch-idealistisch, und sie ist zugleich kritisch-zerlegend. Eine gesunde Skepsis begrenzt den ideellen Flug ins Uferlose, und der unverwüstliche Glaube an die unbedingte Macht des Geistes bannt die Gefahr der Verneinung und Zersetzung bei allem kritisch-analytischen Bemühen. Das ist Wesen und Ziel alles dessen, was man Tübinger Schule und Tübinger Tradition zu nennen pflegt. Es handelt sich dabei um eine unbestreitbare geistige Realität.

Davon spürt jeder etwas, der auch nur ein Semester in Tübingen zugebracht hat. Es ist der Genius loci, der in den Gassen und Kneipen und Auditorien zwischen Österberg und Schloßberg, zwischen Neckar- und Ammertal, im Stift,

im Konvikt, in der Alten und Neuen Aula seine ange-
stammte Heimat hat. Er ist unverwüstlich, und er ist auch
nicht anderswohin zu translozieren. Nur auf diesem hügeli-
gen Boden, auf diesem holprigen Pflaster, in dieser freund-
lich-herben Neckarluft kann er sich nähren und sich regen.
Er ist es auch, der dieser uralten Stadt die Gnade ewiger
Jugend schenkt und die verkalktesten Philister, wenn sie
wieder einmal auf Besuch kommen, für einige Stunden die
alte Burschenherrlichkeit wieder frisch erleben läßt.
Tübingen hat das seltene Glück, von verheerenden Bränden
und kriegerischen Verwüstungen verschont geblieben zu
sein. So ist heute noch das alte Universitätsviertel, wie es
sich bald nach der Gründungszeit herausbildete, im wesentlichen erhalten. Die Stadt selbst war begrenzt durch die sehr
starke Stadtmauer, die vom hohen Schloßberg herabkam,
dann am Steilufer des Neckars entlang bis zur Brücke sich
zog, die damals noch ein hölzerner Steg war, von hier den
noch nicht durchschnittenen Vorhügel des Österbergs hin-
aufkletterte und dem heutigen Graben entlang zum Hagtor
und wieder hinauf zum Schloß führte. Das akademische
Leben spielte sich um die 1480 vollendete Bursa ab und in
den Kollegiengebäuden, die zwischen Klinikum und Münz-
gasse lagen. Die Stiftskirche zum St. Georg, die in diesen
Rang erst durch die Universitätsgründung erhoben wurde,
war noch im Bau begriffen; noch fehlte das Schiff, und der
Turm stand noch, frei hervortretend, selbständig da mit
einer offenen Halle im Erdgeschoß. Das Schönste an dieser
Kirche ist ihre Lage auf beherrschender Terrasse über den
steilen, vom Neckar heraufführenden Gassen mit ihren
zusammengeschobenen spitzen Giebeln; fast bis auf die
balustrengeschmückte Mauer vorgerückt, ragt der schlanke
Chor mit seinen hohen Maßwerkfenstern über die Neckar-
steige empor: ein kostbares, in seiner Planung ungewöhnlich
kühnes mittelalterliches Gassenbild.
Als das Wahrzeichen Tübingens gilt seit alters der auf das
Rad geflochtene Mann, der als Relief in durchbrochener
Arbeit an Stelle des üblichen Maßwerks an einem Fenster

des nördlichen Nebenchors zu sehen ist. Es ist nicht jener Ixion, der nach dem griechischen Mythos damit prahlte, die Gunst der Hera genossen zu haben und zur Strafe dafür von Zeus auf ein glühendes Rad gefesselt wurde, das man durch die Luft wirbeln ließ; es soll vielmehr das Martyrium des heiligen Georg darstellen. Da diese Legende aber bei den Tübingern nicht populär gewesen zu sein scheint, erdachte die Volksphantasie sich eine viel plausiblere Anekdote, die schon der alte Crusius in seinen schwäbischen Annalen vermerkt.

Darnach sollen zwei befreundete Tübinger Bürgersöhne, ein Bäcker und ein Metzger, miteinander auf die Wanderschaft gegangen sein; als nach Jahren der Bäcker allein heimkehrte und den Dolch des Metzgers in seinem Besitz hatte, erhob man Anklage gegen ihn wegen Ermordung seines Freundes. Auf der Folter gestand er die Tat schließlich ein und wurde alsbald aufs Rad geflochten. Drei Wochen später kehrte auch der Metzger nach Tübingen heim: Er hatte sich von dem Freund im Guten getrennt und ihm zum Abschied seinen Dolch geschenkt. Zur Warnung vor erfolterten Geständnissen und übereilten Urteilsvollstreckungen wurde dann der geräderte Bäcker an der Kirche verewigt.

An dem, was man gemeinhin unter Sehenswürdigkeiten versteht, ist Tübingen arm. Bedeutend, merkwürdig und reizvoll ist alles nur durch die hohe geistesgeschichtliche Rolle, die die Häuser und die Menschen, die während der Jahrhunderte darin ein- und ausgegangen sind, gespielt haben. So das Uhlandhaus bei der Neckarbrücke mit seinem Garten hoch den Berg hinauf, in dem der Sänger des »Guten Kameraden« über dreißig Jahre mit seiner Frau Emilie still und friedlich gelebt hat; so der Hölderlinturm am Neckarufer nahe der Brücke, in dem der geisteskranke Dichter die letzten vierzig Jahre seines Lebens unter der Pflege eines braven Tischlermeisters dahindämmernd verbrachte; oder das Gartenhäuschen auf dem Österberg, in dem Wieland gedichtet und Mörike und Waiblinger von Orplid geträumt haben; oder der kühn an den Steilhang geklebte Fachwerkbau der Alten Aula, die bis in die späte Biedermeierzeit das repräsentativste Gebäude der Universität war; oder der Pfleghof des Klosters Bebenhausen, der eine kleine turmbewehrte und ummauerte Burg für sich bildete. Wunderhübsch ist weiterhin der bucklige Marktplatz mit dem alten, bunt bemalten Rathaus, dem ein Glockentürmchen keck auf den Schaugiebel gesetzt ist, und dem wohlweislich aus dem Mittelpunkt gerückten Renaissancebrunnen von Schickhardt, auf dem ein lustiger, spießbewehrter Neptun ein fabelhaftes Meertier als Podest benützt.

Das Schloß Hohentübingen wirkt in der Silhouette, vom Tal aus gesehen, vor allem durch seine gewaltige Baumasse, die durch die überaus wuchtigen und charaktervollen Ecktürme und eine vorgeschobene Bastei, das sogenannte Schänzle, ihre architektonische Gliederung erfährt. Das Schönste sind die beiden pompösen Portale, das äußere mit seinen über Eck gestellten Erkern schon in die bizarre Formenwelt des Barocks weisend, das innere mit seinem reichen ornamentalen Detail ein Steinmetzwerk phantasievollster Renaissance. Der Hof des vierflügeligen Baus mit seinen Wendeltreppentürmen ist in seiner Weite imponierend. Die zu Universitätssammlungen aller Art benützten Räume sind kunstgeschichtlich nicht bedeutsam; immerhin gibt der große Rittersaal mit dem reizenden dreiteiligen Erkerausbau einen guten Begriff von dem Glanz und der Würde, womit die württembergischen Grafen und Herzöge sich bei festlichen Anlässen zu umgeben wußten. Ein typisches Renommierstück fürstlicher Großspurigkeit ist das 286 Eimer schlukkende Riesenfaß in dem darunter befindlichen Kellergewölbe, das sich freilich mit dem dreimal so großen Heidelberger Faß nicht vergleichen läßt, am allerwenigsten, wenn man auch noch die Qualität der Pfälzer und der Tübinger Weine vergleichsweise bedenkt. Hier hat kein Perkeo gebechert und kein Scheffel einen Kantus angestimmt; es ist ein sang- und klangloses Faß und nur eben eine Kuriosität. Im übrigen ist es hier unten in den dunklen und feuchten Gewölben nicht sehr gemütlich: Ein Blick in die Kasematten mit ihren verrosteten Schließringen und zentnerschweren Ketten zeigt die Kehrseite dieser feuchtfröhlichen Grafenherrlichkeit. Der Haspelturm in der Südwestecke soll ja seinen Namen von der Haspel herleiten, mit deren Hilfe die bestgehaßten Gefangenen durch ein viereckiges Loch in die grausige Tiefe des leeren Turms versenkt wurden. Die schöne Aussicht, die man allseits vom Schloß aus ins glückliche schwäbische Land genießt, war den gehaspelten armen Sündern in ihrem Turmverlies vermutlich ein schlechter Trost.

Da hatten es die Studenten in dem Karzer schon besser. Dieser Karzer war zwar in den Anfangszeiten der Universität ebenfalls ein finsteres Loch, in dem die Missetäter vorsichtshalber auch noch an die Wand gekettet wurden. Aber es war gar nicht so leicht, dahinein zu gelangen, denn die Studiosi genossen lange Zeit eine vom Grafen Eberhard feierlich verbriefte Narrenfreiheit: Kein Stadtknecht durfte Hand an sie legen, auch wenn sie noch so übermütig randalierten. Nur der Rektor hatte das Recht, sie zu verhaften und zu bestrafen, und der lag bei den zumeist nächtlichen Exzessen gewöhnlich im Bett; ein Jahrhundert nach der Gründung ist das so verständnisvolle Privileg offenbar aus triftigen Gründen stark modifiziert, wenn auch nie ganz aufgehoben worden. Im übrigen waren die Musensöhne, bevor sie graduiert waren, laut Stiftungsurkunde gehalten, in »geistlichen Kapuzen mit Zipfelhauben bescheiden und ehrbar umherzugehen, nicht in Bordellen oder sonst an verdächtigem Ort Zeche zu halten oder die Nacht zu verweilen«. Offenkundige Kuppler, Diebe, Ehrlose, Spieler, Einbrecher und auch Frauenräuber konnten vorsorglicherweise nicht Mitglied der Universität werden.

Längst schon ist die Universität über die Altstadt hinausgeflutet, weg vom Neckar ins Tal der Ammer und auf die benachbarten Höhen, wo sich die neuen Aulen, die Bibliothek, die Institute und Kliniken angesiedelt haben: ein weiträumiges, modernes Universitätsviertel. Noch steht die alte, ehrwürdige Bursa, in der einst Melanchthon als junger

Magister über aristotelische Philosophie und die lateinischen und griechischen Klassiker doziert hat. Die modernen Bursen, die Häuser und Burgen der studentischen Korporationen, sind über alle Hügel der Stadt zerstreut und stehen da als Zeugen aus jenen friedlichen Jahrzehnten nach der Reichsgründung, da die Wissenschaften blühten und es eine Lust war, als Deutscher zu leben und in Tübingen zu studieren.

DER SCHÖNBUCH UND DAS GÄU

Nördlich von Tübingen bis zur Filderhochebene über Stuttgart dehnt sich Württembergs schönstes Waldgebiet, der Schönbuch, Jahrhunderte hindurch die Lieblingsjagdgründe der württembergischen Herzöge und Könige. Wie wildreich dieser nur spärlich besiedelte, von wenigen unbeträchtlichen Flüßchen durchschnittene Forst mit seinen mächtigen alten Buchen und Eichen einst war, mag die »Strecke« erweisen, die 1764 an einem einzigen Tag erlegt wurde: 131 Hirsche, 25 Damböcke, 149 Rehe, 3900 Hasen, 41 Hauptschweine, 130 Keiler und Bachen, 54 Frischlinge, 129 Dächse, 300 Füchse, 111 Fasanen, 349 Feldhühner und 27 Wildenten. Man glaubt gerne, daß die Klagen der Bauern, die an der Peripherie des Waldgebiets ihre Felder und Äcker hatten, über den Wildschaden kein Ende nahmen.

Am Südrand des Waldes, in einem lieblichen Wiesental vor Tübingen, ist das anno 1185 gegründete ehemalige Zisterzienserkloster Bebenhausen angesiedelt, heute im Besitz der früheren Königsfamilie. Baukünstlerisch nicht so bedeutend wie das stilistisch nah verwandte Maulbronn, hat Bebenhausen um so mehr intime Reize. Infolge der schon 1535

Nebenstehend: Bebenhausen

160

geschehenen Säkularisation und da keine größere Siedlung sich nachbarlich breit machte, ist der ganze Klosterkomplex ungestört erhalten geblieben: Die Kirche, die Klausurgebäude um den Kreuzgang herum, die Laienrefektorien, die Ökonomiegebäude – alles präsentiert sich, wenigstens nach außen hin, in dem Zustand, in dem die Mönche es vor vierhundert Jahren verließen. Drei Herrlichkeiten sind es vor allem, auf denen das Auge mit Wohlgefallen weilt: der reizende Glockenturm über der Vierung, der unter Umgehung der Ordensvorschrift, die statt der Türme nur bescheidene Dachreiter gestattete, wenigstens das Oberteil eines gotischen Domturms in kunstvoll durchbrochenem Steingerüst darstellt, dann die märchenhaft schöne »Rose« in der Ostwand des Chors, ein Riesenfenster mit zierlichem Maßwerk und elegantester Pfostengliederung, und das Herrenrefektorium im Anschluß an die reizende Brunnenkapelle des Kreuzgangs: eine luftige Halle mit Sterngewölbe und Maßwerkfenstern, die zu beweisen scheint, daß auch die ernsten und strengen Patres sehr wohl wußten, daß es eigentlich eine Lust ist zu leben; auch die Fastenspeisen, die aus den in nahegelegenen Wiesen angelegten Fischteichen stammten, müssen in diesem heiteren Raum vorzüglich gemundet haben, wenn hier vielleicht auch der berühmte Eilfinger, den die Maulbronner Brüder kelterten, nicht in den Gläsern funkelte.

Flankiert wird der Wald von den beiden Städten Herrenberg und Böblingen. Sehr schön und frei liegt Herrenberg auf dem westlichen Ausläufer mit Front gegen das fruchtgesegnete Obere Gäu, die Kornkammer Württembergs zwischen Schönbuch und Schwarzwald. Weithin sichtbar ragt die auf einen Hügel über der Stadt gestellte Stiftskirche in das hier ganz flache und offene Land. Einst hatte diese aus der ersten Hälfte des 14. Jahrhunderts stammende früheste Hallenkirche Schwabens zwei achteckige Türme mit spitzen Helmen. Nach einem Erdbeben um die Mitte des 18. Jahr-

Nebenstehend: Herrenberg

hunderts zeigten sich in den Türmen jedoch verdächtige Risse, die Häuser in der Nachbarschaft hatten sich teilweise um einen Meter gesenkt, und auch der Marktplatz zu Füßen der Kirche war von einem klaffenden Sprung durchzogen. Da blieb nichts anderes übrig, als die Türme abzutragen und auf den Rumpf ein niedriges barockes Glockenhaus mit welscher Haube zu setzen. Das geschah auf eine so kräftige, charaktervolle Manier, daß man sich das Wahrzeichen des Gäus gar nicht mehr anders wünschen kann. Im übrigen ist Herrenberg ein reizendes, altertümliches Städtchen mit stattlichen Fachwerkhäusern am Marktplatz und einigen sehr hübschen Brunnen. Es ist der Geburtsort des überaus tüchtigen und tätigen Renaissancebaumeistes Heinrich Schickhardt, dessen Großvater das sehr schöne Chorgestühl in der Stiftskirche geschnitzt hat.

Böblingen und das naheliegende Sindelfingen gehörten einst zweierlei Herren: jenes den Tübinger Pfalzgrafen, dieses den Grafen von Calw. Wie in Hirsau, so hatte der fromme Graf Adalbert auch in Sindelfingen ein Chorherrnstift eingerichtet, das 1476 zwecks Gründung der Universität nach Tübingen verlegt wurde; die großen Einkünfte des Stifts mußten zur Finanzierung der Universität dienen. Geblieben ist den Sindelfingern nur die edle, Hirsauer Einfluß aufweisende romanische Stiftskirche mit isoliertem, italienisch anmutendem Glockenturm, deren Krypta 1090 geweiht wurde. Böblingen, durch Hügellage sich über die flache Umgebung erhebend, hatte seine Schicksalsstunde, als am 12. Mai 1525 das 15 000 Mann starke Bauernheer zwischen Sindelfingen und Böblingen vom Truchseß von Waldburg überfallen wurde; hätte damals nicht der Vogt von Böblingen an den Bauern Verrat geübt und die Bündischen in die Stadt und auf das Schloß bringen lassen, wäre Böblingen vermutlich von dem wilden Bauernjörg, der mit seiner überlegenen Reiterei und Artillerie zweifellos zuletzt obgesiegt hätte, dem Erdboden gleichgemacht worden. So kamen die Böblin-

Nebenstehend: Sindelfingen

164

ger mit einer kräftigen Brandschatzung noch glimpflich davon. 9000 Bauern sollen an jenem Tag und in der folgenden Nacht in den Wäldern um Böblingen auf der Flucht erschlagen oder auch, soweit sie an den Weinsberger Mordtaten mitschuldig waren, bei lebendigem Leib, mit Ketten an die Bäume gefesselt, »langsam gebraten« worden sein.

Mitten im Schönbuch, an einem Hang über dem Flüßchen Aich, liegt malerisch das uralte Städtchen Waldenbuch, das durch eine ungewöhnlich adrette, ganz unkonventionelle Kirche mit verziertem Staffelgiebel über gotisierenden Maßwerkfenstern und einer reizenden Freitreppe ausgezeichnet ist. Auch das neben dem Städtchen gelegene Renaissanceschloß, ein ehemaliges herzogliches Jagdschloß, das von Frisoni im Barockstil 1717 umgebaut und erweitert wurde, birgt allerlei architektonische Merkwürdigkeiten.

Dem oberen, Herrenberg vorgelagerten Gäu schließt sich nördlich und nordwestlich, durch die Würm getrennt, das nicht weniger fruchtbare »Strohgäu« an, das sich bis zur Enz hin dehnt. Feldbau ist hier überall die Losung. Nur im Nordwesten schieben sich auch Wälder herein. Was das Württemberger Land so selten bietet, ist hier zu haben: eine weithin gedehnte Muschelkalkebene, die nur hin und wieder leicht gewellt ist. Wohlhabende Dörflein, meist mit einer alten Burg oder einem Schloß, sind darüberhin in geringer Zahl gestreut. Wein gibt es nicht viel, wohl aber Obst in großer Menge und vorzüglicher Qualität.

Das bedeutendste Städtchen am Südrand des Strohgäus ist Leonberg, das zum ältesten württembergischen Besitz gehört und 1248 von Herzog Ulrich ummauert wurde. Dem Städtchen ist insofern großer Ruhm widerfahren, als hier 1457 der erste württembergische Landtag zusammentrat. Es handelte sich um die Frage, wer die Vormundschaft über den minderjährigen Grafen Eberhard, der später »im Bart« zubenannt wurde, führen solle, der Pfalzgraf Friedrich von Heidelberg oder sein Oheim Graf Ulrich, der als der »Viel-

Nebenstehend: Vaihingen an der Enz

167

geliebte« in unserer Geschichte weiterlebt. Statt, wie bisher üblich, eine Entscheidung von oben herab zu treffen, wandte sich Ulrich an das Volk direkt und berief also die prominentesten weltlichen und geistlichen Herren nebst den Bürgermeistern der Städte und einzelne Abgeordnete der Ämter nach Leonberg und übertrug ihnen die Entscheidung, die zugunsten Ulrichs ausfiel. Damit war ein Vorgang geschaffen, dem zufolge der Grundsatz, daß nichts Wichtiges im Lande geschehen dürfe, ohne daß die »Landschaft« vorher befragt werde, künftig als Landesgesetz galt, als das »gute, alte Recht«, das freilich immer von neuem unter schwersten Opfern erkämpft werden mußte.

Dieser erste württembergische Landtag tagte in einem alten, hohen Steinhaus in der engen und steilen Marktgasse, wo jetzt das Gasthaus zum Schwarzen Adler seine Gäste bewirtet. Einige Schritte weiter durch einen richtigen Engpaß der Gasse gelangt man zum langgestreckten, buckligen Marktplatz, der von einigen würdigen alten Fachwerkhäusern umstanden ist. Das schönste und größte ist, wie sich's gehört, das Rathaus aus dem 16. Jahrhundert, dessen rundbogige Lauben im Erdgeschoß leider vermauert sind; im oberen Stock war wie in Weil der Stadt ein Tanzboden untergebracht. Davor der hübsche alte Marktbrunnen mit dem Standbild Herzog Christophs aus dem Jahr 1560. Diesem Herzog ist die Erbauung des Schlosses zu verdanken, das 1560–1565 an der Stelle einer alten, verfallenen Burg errichtet wurde. Um 1600 hat dann Schickhardt dem kunstlosen Bau eine Altane angebaut und auf dem Stadtgraben einen Lustgarten angelegt, da die Herzogin Sibylle hier ihre Witwenzeit verbringen wollte. Später (1796–1801) hat auch Schillers Mutter in diesem Schloß ihr Witwenstübchen gehabt.

Die Leonberger Stadtkirche ist in der Hauptsache ein Werk der Hochgotik aus dem 14. Jahrhundert, an dem bis ins 18. Jahrhundert hinein immer wieder geändert und erweitert

Nebenstehend: Markgröningen

168

wurde; der Turm zeigt lebendig bewegte renaissancistische Formen. Im Stadtpfarrhaus, das ursprünglich eine zum Schloß gehörige Scheuer war, ist der Philosoph Schelling geboren.

Am Nordrand des Strohgäus liegt Vaihingen im Tal der Enz. Das war einst ein stark befestigter Ort, dessen Schloß auf der Höhe mit doppelten Ringmauern versehen war. Heute ist von alledem nur noch ein Pulverturm und der berüchtigte Haspelturm vorhanden, in dessen fenster- und türlosem Verlies auch der »Sonnenwirtle« aus Ebersbach, Schillers »Verbrecher aus verlorener Ehre«, vor seiner Hinrichtung gefangensaß. Während Vaihingen durch mehrere Brände, die den mittelalterlichen Bestand fast ganz zerstörten, heimgesucht wurde, hat das nicht weit davon im Glemstal gelegene Markgröningen den Charakter eines uralten, wohlhabenden schwäbischen Landstädtchens sich vorzüglich erhalten. Das alte Rathaus mit dem malerischen Erker und einem lustigen Glockentürmchen am hohen Giebel darf wohl als einer der schönsten Fachwerkbauten Süddeutschlands gelten. Berühmt ist Markgröningen durch seinen bis in die Mitte des 15. Jahrhunderts zurückzuverfolgenden »Schäferlauf«, bei dem alljährlich an Bartholomäi (24. August) die Schäfer und Schäferinnen des ganzen Neckarkreises bis nach Schorndorf hinüber sich in allerlei sportlichen Künsten tummeln und das siegreiche Paar eine Flitterkrone und einen fetten Hammel als Preis davonträgt. Noch älter als der Schäferlauf ist Markgröningens Ehrenrecht, die Reichssturmfahne aufzubewahren, und zwar als die, wie man damals glaubte, älteste Stadt des Schwabenlandes, dessen Bewohner bekanntlich den Vortritt im Reichsheer führten.

Nebenstehend: Markgröningen

DER MITTLERE NECKAR

Esslingen

Vorbei an dem stillen, freundlichen Nürtingen und dem an
der Mündung der Fils gelegenen Plochingen, das nur als
Eisenbahnknotenpunkt eine Rolle spielt, gelangt man nach
der alten Reichsstadt Eßlingen. Von Plochingen ab wächst
an den südlich gerichteten Uferhalden wieder Wein, und
zwar das ganze Tal entlang bis hinunter nach Heilbronn.
Das ist ein höchst wichtiges Charakteristikum für das alt-
württembergische Kernland, das vom Neckar durchflossen
wird. Denn da, wo ein guter Wein wächst, lebt nun einmal
ein anderer Menschenschlag als da, wo bloß Hopfen gedeiht
oder Most gekeltert wird. Nicht als ob ein guter Most, der
nirgends in der Welt mit mehr Liebe und Verstand bereitet
und getrunken wird als in Schwaben, zu verachten wäre!
Aber der Wein ist eben doch etwas Edleres und gibt dem
Menschen, auf dessen Grund und Boden die Rebe wächst,
ein freies und fröhliches Gemüt und eine Weltoffenheit, die
dem Bier- und Mosttrinker ewig rätselhaft bleibt. Stärker
noch als der römische Limes scheidet der Wein die Schwaben voneinander: Da, wo ein guter Tropfen bei uns wächst,
ist beispielsweise der Pietismus nicht bodenständig; da aber
auch der Pietismus ein großes seelisches Ereignis für die
Schwaben ist, müssen wir vielleicht dankbar sein, daß nicht
überall Wein im Land gedeiht.
Dramatischer als anderswo liegt in Eßlingen die neue mit
der alten Zeit im Kampf. Noch ist manches von der alten
Reichsstadtherrlichkeit erhalten, aber man spürt doch
allenthalben, wie die zu eng gewordene ehrwürdige Form
mit der Pietätlosigkeit, die allem organisch Wachsenden nun
einmal eignet, gesprengt worden ist. Fünfzig Türme bewehr-
ten einst die Freie Stadt, zu der inneren Stadt führten acht

Haupt- und vier Nebentore, zu den Vorstädten nicht weniger als vierzehn Tore. Von den fünfzig Toren sind im 19. Jahrhundert siebenundvierzig niedergerissen worden, weil sie den Platz für das Neue, das da werden wollte, versperrten. Was jetzt noch an architektonischen Zeugen aus dem bewegten Halbjahrtausend der Stadtrepublik vorhanden ist, wird treulich bewahrt, so das Pliensautor an der steinernen, zur linksufrigen Vorstadt führenden Pliensaubrücke, die aus dem Jahre 1286 stammt und Jahrhunderte hindurch die längste steinerne Brücke des Landes war und heute noch die schönste unserer alten Brücken ist. Drum ist das alte Tor an dieser Brücke in den Ruhestand versetzt und der Verkehr voller Respekt darum herumgeleitet worden. So ist auch das alte Rathaus, das um 1430 erbaut und 1587 von Schickhardt renaissancistisch modernisiert worden ist, wenigstens am Südgiebel wieder in den ursprünglichen Zustand versetzt worden: Man hat also vorn einen hochgestaffelten Volutengiebel mit einer prunkvollen Uhrendekoration und einem phantastischen Glockentürmchen darüber mit zwei Durchsichten und einem koketten Zwiebelhäubchen obendrauf, hinten aber ein prachtvolles, wahrhaft monumentales Eichenfachwerk, das über die Jahrhunderte hinweg den Preis zünftiger altschwäbischer Zimmerei verkündet.

Drei bedeutende alte Kirchen sind der einst überaus kirchen- und klosterfreudigen Stadt, die sich frühe schon für die Reformation entschied und dafür vom fünften Karl an ihrem demokratisch-freiheitlichen Regiment gestraft wurde, noch erhalten geblieben: die Frauenkirche, eine dreischiffige Halle, hart an der Stadtmauer auf hügeligem, terrassiertem Gelände über die nachbarlichen Gebäude beherrschend hinausgehoben, ein Werk reifster Gotik mit einem wunderschönen, höchst anmutigen Turm, der die Meisterhand Ulrichs von Ensingen und Hans Böblingers erkennen läßt. Charakteristischer noch für das Stadtbild ist die Stadtkirche zum heiligen Dionys aus dem 13. Jahrhundert mit einem kreuzgewölbten Chor, dessen Fenster in den herrlichsten blau-rot-grün-gelben Farbenakkorden leuchten, mit zwei Osttürmen, die dem Zwillingsgesetz auf famose Weise Hohn sprechen, denn jeder Turm ist eine Persönlichkeit für sich, der südliche ist mit seinen säulchengeschmückten Doppelfenstern und seinem balustradenverzierten Umgang unter dem gleichen Zeltdach der künstlerisch reichere, der nördliche ist einfacher gestaltet, reckt aber die Spitze seines Helmes um ein gutes Stück höher in die Luft. Zwischen beide ist unter dem Helmansatz eine hölzerne Verbindungsbrücke gelegt, eine versehentlich stehengebliebene Hilfskonstruktion, die gewissermaßen das metaphysische Bestreben der beiden Türme ironisiert und das Sakrale auf eine lustige Weise profaniert. Dann ist da noch die ehemalige Dominikanerkirche zum heiligen Paul aus dem 13. Jahrhundert, die als die älteste Bettelordenskirche Deutschlands von besonderem kunstgeschichtlichem Interesse ist; es ist eine ursprünglich romanische, querschifflose und auch turmlose Basilika, die den Übergang zur Gotik mit den einfachsten Mitteln vollzieht.

Aber das Bestimmende an Eßlingens Altstadtbild sind nicht die Türme und Tore, sondern die alte Stadtmauer, die von der Stadt im Tal zur hochgelegenen Burg in schnurgeraden Diagonalen hinaufklettert und oben auf dem rebenbestandenen Hügel sich horizontal von Turm zu Turm hinzieht, einen breiten Rhombus in die Landschaft zeichnend. In der Mauer der alte Wehrgang, eine reine Zweckkonstruktion aus dem 13. Jahrhundert, die dennoch schön zu nennen ist und unerschüttert allen Stürmen und Wettern und Beschießungen standgehalten hat; wer wird später einmal so etwas von den Befestigungsanlagen behaupten können, die wir in den beiden Weltkriegen errichtet haben? Von der Burg selbst ist nicht mehr viel erhalten: der behäbige »Dicke Turm«, dessen Oberbau aber neuzeitlich ist, eine Doppelbrücke mit Kapelle und das sogenannte Mélac-Häuschen, an das sich die Legende von der Eßlinger Jungfrau knüpft, durch deren aufopfernde Unschuld der Franzose angeblich besänftigt worden sein soll.

Von diesem Wehrgang aus eröffnen sich immer wieder

überraschende Blicke auf die Stadt; man sieht den Ring, der einst die innere Stadt umschloß, man sieht die lange steinerne Brücke, die von der Vorstadt herüberführt und dann über zwei Neckararme hinweg, zwischen denen die uralte Maille, die Ballspielinsel, liegt, mit Häusern fast wie der Rialto überbaut, ins Stadtinnere führt. Man sieht den alten Wolfsturm und am gegenüberliegenden Stadtrand die hangwärts gebettete Beutauvorstadt. Eßlingen war die Reichsstadt mit den vielen Vorstädten; ihr Gebiet erstreckte sich weit über den Fluß hinüber zur Filderebene hinauf bis nach Möhringen und Vaihingen, reiche Dörfer, die noch zum Stadtgebiet gehörten. Wie mächtig sich vor dem wirtschaftlichen Umschwung im 16. Jahrhundert diese einst von den Staufern begünstigte Stadt fühlte und wie reich sie war, ersieht man aus der Anekdote, daß die Eßlinger einst, als Karl IV. hier eine Tagung abhielt, die sich anmaßend benehmende Leibgarde des Monarchen kurzerhand entwaffneten und verprügelten, worauf Karl, der es mit der großen Angst zu tun bekam, durch ein Fenster des Barfüßerklosters sich höchst unkaiserlich aus dem reichsstädtischen Staub machte. Die 100 000 Goldgulden, die die Stadt als Sühnegeld für den Scherz zu bezahlen hatte, wurden anstandslos beglichen: So viel war den Eßlingern der Spaß mit ihrem Kaiser wert. Kein Wunder, daß die Grafen von Württemberg mit dieser Republik unmittelbar vor den Toren ihrer Landeshauptstadt dauernd, fast dreihundert Jahre lang, von 1250 bis 1520, in Händel verstrickt waren, ein fast dreihundertjähriger Krieg, in dem es keinen Sieger und keinen Besiegten gab. Miserabel aber erging es den Reichsstädtern im Dreißigjährigen Krieg, als 1634 an der Pest 8000 Menschen starben und eine Million Gulden Besatzungskosten an die Kaiserlichen zu bezahlen waren, und erst recht traurig waren die Zustände während der französischen Kriege, als die schon nicht mehr sehr wehrhafte und finanziell ruinierte Stadt nur durch Demütigungen aller Art sich vor der Verwüstung retten konnte; ein überaus federgewandter Stadtschreiber hat uns getreulich alles berichtet, was damals an

Konfusion und Panik und Ängstlichkeit innerhalb dieser
Mauern herrschte.

Zu den alten Vorstädten sind neue gekommen und haben
sich zu bedeutenden Industriezentren entwickelt. Die Eßlinger Maschinenfabrik beispielsweise war die erste schwäbische Großwerkstätte für Lokomotiven und sonstiges Eisen-
bahnmaterial, das nach Eröffnung der frühesten Bahnstrek-
ken jeder deutsche Kleinstaat als Selbstversorger herzustellen trachtete. Überall bekannte Qualitätsbegriffe sind die
Eßlinger Wolle, die Eßlinger Präzisionsmeßinstrumente, die
Eßlinger Handschuhe. Und bezeichnend für Eßlingen ist
auch, daß die älteste deutsche Sektkellerei gerade hier
gegründet wurde, und zwar von dem Schwaben G. C.
Keßler, der von 1810 bis 1826 von der berühmten Veuve
Cliquot in Reims in die Geheimnisse der französischen
Sektbereitung eingeweiht worden war und dann in dem
ehemaligen Speyrer Pfleghof mit den entsprechenden tiefen
Kellern den moussierenden Trank nach den alten streng
gehüteten Rezepten hier erstmals in Deutschland herstellte.

Stuttgart

Gleich hinter Eßlingen stößt man heute auf die Markungs-
grenze von Groß-Stuttgart; die alten Neckar- und Weindör-
fer Ober- und Untertürkheim, Hedelfingen und Wangen
sind in den letzten Jahrzehnten ebenso wie Bad Cannstatt
und die jenseits der Großstadt am Fluß gelegenen Dörfer
Hofen und Mühlhausen von der sich reckenden und dehnenden Landeshauptstadt eingemeindet worden. Stuttgart
liegt also jetzt unbestreitbar am Neckar, während es den
Reiz und die Eigenart des alten Stuttgart ausmachte, daß es
wie aus Versehen abseits der Hauptverkehrswege in einem
Talkessel eingeschmiegt lag, der auf drei Seiten von bewaldeten Hügeln wie von Wächtern umstanden war. Wie ein
gefräßiger Polyp hatte die Stadt auch über diese Hügel
hinausgelangt und die jungen Industriestädte Zuffenhausen

und Feuerbach und die Höhenorte Degerloch, Vaihingen und Möhringen samt dem idyllischen Rohr sich einverleibt. Aber so wichtig und notwendig diese Einbeziehung immer neuer Räume verwaltungsmäßig und statistisch auch gewesen sein mag: Stuttgart, wie wir es liebten und kannten und wie der Fremde es erlebte, war doch trotz dieser Ausweitungen die Stadt im abseitigen Tal geblieben, auf die man von allen Seiten herabschauen konnte wie auf keine andere große Stadt in Deutschland.

Es ist die unsagbar wehmütige Form der Vergangenheit, in der man auch von Stuttgart heute reden muß. Stuttgart ist nicht mehr, ist seit den entsetzlichen Julinächten des Jahres 1944 nur noch das schaurige Gespenst einer Stadt, ein Tal der Ruinen, eine offene, blutende Wunde am Körper des Landes. Unser einst so schönes und emsig gedeihendes Stuttgart! Wohl wissen wir, daß andere Städte, die jetzt ebenfalls in Trümmern liegen, reicher waren an kulturellen Denkmälern als unser Stuttgart, das vor allem auch den Ehrgeiz hatte, eine moderne Großstadt zu heißen, daß, was anderwärts an edlen und historisch bedeutenden Werken der Baukunst unwiederbringlich zerstört wurde, den Kunstfreund und Historiker tiefer schmerzt, als was in Stuttgart in Schutt und Asche sank. Und wir bemühen uns auch, dem Trost uns nicht zu verschließen, daß ja das Besondere und Auszeichnende auch noch unserer zerschlagenen Stadt, diese Lage im Kranz der Wälder und Berge, dieses Gebettetsein in die warme, zärtliche Mulde einer halb geöffneten Hand, die eine gütige Natur uns noch immer darreicht, nicht zerstört werden konnte. Aber eben, weil wir an Zeugnissen großer Kunst nicht sehr reich waren, haben wir das Wenige, was wir besaßen, um so treuer gehütet und die Mischung von Dokumenten der einst herzoglichen, dann königlichen Residenz und den so unsentimental und oft auch geschmacklos daneben und dazwischen gesetzten Monumenten einer neuen wirtschaftlichen Geltung und Unternehmungsfreude mit besonderem Stolz bejaht. Hier, in dieser gar nicht musealen Stadt, in diesem nicht allenthalben schönen, stellenweise sogar häßlichen, aber eben darum höchst lebendigen und wahrhaft jung gebliebenen Organismus einer alten Siedlung war der untrügliche Spiegel schwäbischen Wesens und schwäbischer Geschichte. Dieser Spiegel ist für alle Zeiten zertrümmert und kann nicht mehr geflickt werden, wenngleich von allen historisch bedeutsamen Bauten die genauesten Pläne uns erhalten geblieben sind. Wir haben aus eigener Schuld und mit einer Überheblichkeit, die von den Göttern seit je schrecklich geahndet worden ist, das Erbe unserer Väter vertan. Wir müssen, um als Schwaben weiterleben zu können, die Stadt wieder aufbauen und werden das auch tun mit der Zähigkeit, die unsrem Stamm eignet. Aber wir werden den Weg in die harte und kahle Zukunft zurücklegen müssen mit all der Tragik, die den Mann ohne Schatten verfolgt.

Die volkstümliche Etymologie des Namens Stuttgart ist ausnahmsweise auch historisch richtig: Stuttgart bedeutet Stutengarten. Hier war zu Anfang des 11. Jahrhunderts ein Gestüt. Vor dieser Zeit scheint im stillen Tal des Nesenbachs keine menschliche Siedlung bestanden zu haben, im Gegensatz zu den mehrere Straßen beherrschenden Hügeln auf dem rechten Neckarufer, wo eine prominente römische Siedlung und ein Militärlager auf der Altenburg durch Ausgrabungen nachgewiesen sind. Stuttgart also entstand auf jungfräulichem Boden, inmitten von Sumpf und Urwald, einem uralten Paradies der Mammute. Die früheste Urkunde stammt aus dem Jahr 1229, die älteste Stadtanlage entstand wohl um das Jahr 1250, und zwar an der tiefsten Stelle der Talrinne in jenem Eirund, das dann später von der König-, Eberhard- und Karlstraße und dem Alten Schloß eingefaßt wurde. Auf den Hügeln ringsum standen Burgen, so die Reinsburg, die Pragburg, die Weißenburg. Die Talsiedlung selbst wurde von dem Grafen Eberhard, den man den »Erlauchten« nannte, mit Mauern umgeben, die aber nicht lange standhielten, als Rudolf von Habsburg den so gar nicht reichstreuen württembergischen Grafen in seinem Stuttgart von der Wagenburg aus belagerte. Das war 1286.

Die Mauern wurden gebrochen, und als Eberhard sie flugs
wieder aufbaute, im folgenden Frühjahr erneut geschleift
und zugleich die Burgen verwüstet; sie wurden nicht wieder-
aufgebaut, aber ihre Namen haben sich durch die Jahrhunderte erhalten. Ein Menschenalter später, 1321, noch immer
unter dem so überaus streitbaren Eberhard, der selbst gern
nach Rudolfs Tod deutscher Kaiser geworden wäre, wurde
Stuttgart durch das Reichsheer wiederum zur Kapitulation
gezwungen: Das waren die wichtigsten kriegerischen Ereig-
nisse, bei denen die Stadt eine Rolle gespielt hat; es erwies
sich stets, daß sie um ihrer Lage willen nur von friedlichen
Zeiten Gutes zu erwarten hatte.

Im Jahr 1320 wurde Stuttgart dann zur Residenz erhoben
und die Grablege der württembergischen Grafen mitsamt
dem von den Eßlingern zerstörten Domherrnstift von Beu-
telsbach nach Stuttgart verlegt, wo nun die Stiftskirche
anstelle einer ursprünglich romanischen Basilika, von der
noch der Unterbau des südlichen Chorturms erhalten geblieben ist, erbaut wurde. Die Stuttgarter ließen sich freilich viel
Zeit für ihren Kirchenbau: 1321 wurde mit dem langgestreckten Chor begonnen, der aus der Achse der ehemaligen
Basilika eigenwillig herausgerückt ist. Es hat dann aber
mehr als ein Jahrhundert gedauert, bis mit dem Schiff
begonnen werden konnte. Die Päpste haben zwar immer
wieder jedem Stuttgarter Ablaß für seine Sündenstrafen
versprochen, wenn er zwölf Tage lang fleißig an seiner
Kirche bauen möchte; aber das Gnadenmittel hat offenbar
wenig gefruchtet. 1452 konnte endlich das Schiff eingewölbt
werden, und dreißig Jahre später ging man auch schon
daran, den Südturm auszubauen, dessen Krönung mit dem
renaissancistischen Kranz genau neunzig Jahre später vollendet war. Der massige Westturm mit seinen charakteristischen drei Steinkränzen ums Achteck ist bekanntlich nie
fertig gebaut worden: Ein stumpfes Zeltdach deckte den
Torso ab. Gottlob hat auch im stilimitatorischen 19. Jahrhundert niemand daran gedacht, dem in seiner Stumpfheit
so prächtigen und unkonventionellen Gesellen einen spitzen

Helm aufzustülpen. Auch aus Faulheit wird manchmal etwas Schönes geschaffen.

Außer der Stiftskirche hatte Stuttgart nur noch zwei alte Kirchen, die nicht gerade Sehenswürdigkeiten waren: die ehemalige Dominikanerkirche, die nach der Reformation zur Hospitalkirche geworden ist, und die ebenfalls bescheidene Leonhardskirche, beides brave, aber ungeniale Bauten Aberlin Jörgs aus dem letzten Viertel des 15. Jahrhunderts. Eine besonders kirchenfreudige oder klosterfreundliche Stadt war das alte Stuttgart jedenfalls nicht, beherbergte es doch nie mehr als eine vollgültige klösterliche Niederlassung, eben jenes Dominikanerkloster, das später dann unbedenklich für polizeiliche Zwecke herhalten mußte. Was dann im 19. Jahrhundert an Gotteshäusern noch erstellt wurde, waren eklektizistische Konstruktionen im gotischen oder romanischen Stil, die nur bewiesen, daß Stuttgarts Ehrgeiz nicht erst seit der Reformation anderswo lag als auf kirchlichem Feld.

Das Imponierendste, was wir an alter Baukunst besaßen, war das Alte Schloß, der einstige Herrensitz der württembergischen Grafen und Herzöge. Um diese alte Burg herum, die einst von Wassergräben umgeben war, entstand Stuttgart, und das gewaltige Walmdach des »alten Hauses«, wie der Ostbau genannt wurde, ist durch die Jahrhunderte hindurch für den Blick von den Höhen wie für die Spaziergänger in den Straßen das eigentliche Wahrzeichen geblieben. Kein modernes Hochhaus hat die würdevolle Monumentalität dieses aus mächtigen steinernen Quadern errichteten Baus zu gefährden vermocht. Hier ist das Herzstück Stuttgarts und des ganzen Landes, unvergängliches Sinnbild unserer Kraft, unserer seßhaften Schwere und unseres Trotzes. In seiner Ruinenhaftigkeit bleibt uns dieses Monument nur um so ehrwürdiger.

Sieben Jahrhunderte haben daran gebaut. Von 1300 bis 1500 etwa haben die Grafen, beginnend mit Ulrich dem Stifter, den Ostbau aufgeführt mit der durch zwei Stockwerke durchgehenden »Türnitz«, dem großen Gemeinschaftsraum für das Gefolge und Gesinde, und den herrschaftlichen Wohnräumen darüber. Die beiden runden Ecktürme und das als niederer Terrassenbau vorgelegte »Archiv«, in dem auch die Stände tagten, existierten damals noch nicht. Wohl aber waren schmale Wehrgänge über den Wassergräben angebaut, die man nur auf gewaltigen Zugbrücken überqueren konnte. Es war ein riesiger, schmuckloser Wohnkasten, der zugleich eine gewaltige Festung darstellte. Unter Herzog Christoph wurde dann 1553–1570 an der westlichen Längsseite der neue, niedrigere Flügelbau in frührenaissancistischem Stil angegliedert mit dem berühmten 40 zu 60 Meter messenden rechteckigen Hof, der an drei Seiten von dreigeschossigen Laubengängen umfaßt ist, mit runden Treppentürmchen in den neugebildeten Ecken und der famosen Reittreppe, die Besuche hoch zu Roß bis ins dritte Stockwerk gestattete. Damals, 1587, und dann wieder 1678, wurden auch die drei runden Ecktürme, die den trotzigen Charakter des Baus in erster Linie bestimmten, als Widerlager angebaut. Die im Südwestflügel eingebaute Schloßkirche, ein schmaler Quersaal mit einem erkerartig vorspringenden Chörlein, blieb als der früheste kirchliche Bau Deutschlands, der auf die besonderen Bedürfnisse des protestantischen Gottesdienstes ursprünglich zugeschnitten war, bemerkenswert.

Das Alte Schloß war eine ganze Stadt für sich. Hier war alles beisammen, was zum leiblichen und geistigen Wohl und zur Sicherheit einer üppigen, sehr menschenreichen Hofhaltung gehörte. Bis vor einem Jahrhundert etwa waren an der Schloßplatzfront neben dem Eingang die lustigen Küchenkamintürme zu sehen, die ein gar zu zimperlicher Geschmack dann leider entfernen und durch einen gotisierenden Vorbau von fader akademischer Korrektheit ersetzen ließ. Als ob es eine Schande wäre, daran erinnert zu werden, daß hier früher viel und wahrscheinlich auch sehr gut gekocht wurde und daß man wohl oder übel den Rauch fangen und himmelwärts entweichen lassen mußte. Als Herzog Ulrich sein Beilager mit der bayerischen Prinzessin Sabine hielt, jener

berüchtigten Sabine, die ihm dann prompt mit seinem Stallmeister Hutten Hörner aufsetzte und auch sonst ein unver-
trägliches Weibsbild gewesen zu sein scheint, da wurde für
nicht weniger als 7000 Gäste und 800 Bediente die folgende
respektable Menagerie nach den Regeln einer fürstlichen
Kochkunst traktiert: 136 Ochsen, 1800 Kälber, 570
Kapaune, 1200 Hennen, 2750 Krammetsvögel, 11 Tonnen
Salmen, 90 Tonnen Heringe. Außerdem wurden verzehrt:
200000 Eier, 3000 Säcke Mehl, 130 Pfund Nelken, 40
Pfund Safran; von den 15000 Eimern Wein, die während
der festlichen Tage gratis aus allen öffentlichen Brunnenröh-
ren flossen, ganz zu schweigen. So lebte man in dem schönen
Alten Schloß, wenn auch nicht gerade alle Tage. Wenige
Jahre nach dieser Hochzeit stand im Remstal der »Arme
Konrad« auf: Der gemeine Mann, der diesen ganzen Luxus
bezahlen und sich dafür wie ein Hund behandeln lassen
mußte, revoltierte zum erstenmal.

Der Außenhof des Christophbaus, von diesem vorsorglich
durch einen tiefen und breiten Wassergraben getrennt, über
den die Schloßbrücke mit dem schönen Portal direkt neben
der Stadtmauer führte, war der spätere Schillerplatz, der von
der Alten Kanzlei, dem Prinzenbau, dem Fruchtkasten, dem
Chor der Stiftskirche und dem von Hauffs Erzählungen her
wohlbekannten Gasthof zum König von England umsäumt
war: ein wahrhaft fürstlicher Platz, trotz der Stilunter-
schiede der Gebäude von wunderbar geschlossener Wirkung, für Thorwaldsens edles Schillerdenkmal der würdige
Rahmen. Hier wehte die stille, klare, kräftige Luft Altwürt-
tembergs, hier war jeder Schwabe, mochte er vom Bodensee,
vom Schwarzwald oder von der Alb gebürtig sein, recht
eigentlich daheim und fühlte sich geborgen. In dieser herrlichen Alten Kanzlei, dem mächtigen, strengen Doppelhaus,
mit kleinen Fenstern und prächtigen Portalen, saßen die
vielen Schreiber und Amtsleute, vor deren Arroganz und
Bestechlichkeit die Gewerbsleute und die Bauern und alles,
was nicht zur »Ehrbarkeit« gehörte, zähneknirschend das
Kreuz machten. Der durch einen Torbogen damit verbun-

dene Prinzenbau, von Schickhardt entworfen, um 1700 im italienischen Stil vollendet, war das erste palastartige Gebäude in der sonst so gut altdeutsch erbauten Stadt. Ihm schloß sich im rechten Winkel der noch aus spätgotischer Zeit stammende Fruchtkasten an, ein hochgiebliger Steinbau, dessen Fassade um 1600 renaissancistisch verschönert und auf dem First mit einem faßreitenden Bacchus geschmückt worden war. Zum weiteren Schloßbezirk gehörte ehemals auch noch das Lusthaus von Georg Beer, zweifellos das anmutigste Gebäude des herzoglichen Stuttgart, das dann mit barbarischem Unverstand beim Umbau des ehemaligen Hoftheaters völlig eingekapselt wurde; kärgliche Überreste davon, die beim Theaterbrand 1899 zu Tage traten, wurden dann in den Anlagen als freundliche Erinnerung an eine Zeit, die noch schön zu bauen verstand, aufbewahrt.

Durch die schmale und schräge Kirchgasse gelangte man vom Schillerplatz zum Markt, der von dem in »Neubrabanter Gotik« um 1900 erbauten Neuen Rathaus gar zu protzig beherrscht war. Dahinter die zum Teil »sanierte« Altstadt, die eine fragwürdige Vortäuschung gotischer Stadtarchitektur darstellte.

Es versteht sich von selbst, daß einem so prachtliebenden und baulustigen Fürsten wie dem Herzog Carl das Alte Schloß auf die Dauer nicht repräsentabel genug erschien; hatte doch schon sein Vorgänger Eberhard Ludwig sich der Burg seiner Väter geschämt und sich in Ludwigsburg das größte Fürstenschloß erbaut, das Deutschland nach dem Versailler Muster besitzt. So wurde also von 1774 an nach Plänen von Leopold Retti auch in Stuttgart ein Neues Schloß im französischen Barockstil erbaut; Balthasar Neumann, der ebenfalls zum Wettbewerb aufgefordert war, hatte seinen Entwurf, den Dehio als großartig bezeichnet, zu spät eingesandt. Rettis Entwurf sah ein offenes Hufeisen mit drei gleich langen und hohen Flügen vor, eine sehr ruhig und vornehm, aber auch ein wenig langweilig wirkende Riesenfassade, die im Mittelteil durch einen vorgebauten Portikus und eine kronengeschmückte, etwas klein geratene Kuppel ihren einzigen Akzent erhielt. Die ungeheure Leere und Weite des Schloßhofs war auch hier ein Problem, mit dem eine bürgerlich gewordene Zeit nicht hatte fertig zu werden vermocht. Schon einige Jahre vor dem Schloßbau war auf dem Platz dahinter eine Kaserne erstellt worden, die dann 1775, umgestaltet und erweitert, die ursprünglich bei der Solitude untergebrachte Karlsakademie aufnahm, in der Friedrich Schiller zum Mediziner ausgebildet werden sollte.

Die Stuttgarter waren auf ihren Schloßplatz immer sehr stolz. Das beherrschende Bauwerk war freilich nicht das Alte und auch nicht das Neue Schloß und auch nicht die ehrwürdige Rückfront der Alten Kanzlei, die allesamt durch mächtige Kastanienbäume verdeckt waren, sondern der Königsbau, eine hochragende klassizistische Säulenkulisse aus dem Jahr 1856, hinter deren so überaus feierlichen Front überraschenderweise allerlei sehr profane Kaufläden mit Büstenhaltern, Hüten, Spielwaren, Schirmen, Zigarren und anderen Delikatessen und außerdem zwei Cafés versteckt lagen. Ein griechischer Tempel mit profitlichen Wechslern und Händlern hinter den sakralen Säulen: Es war eine sehr schwäbische Angelegenheit; es ist nur gut, daß der immer nach Göttern dürstende Hölderlin das nicht mehr gesehen hat. Nun sind auch von diesen gewaltigen Säulen mehrere geborsten, und die Lädchen und Aisancen dahinter sind leergebrannt. Noch aber steht unverletzt mitten auf dem Schloßplatz die schlanke Jubiläumssäule mit der Konkordia obendrauf, die die meisten Stuttgarter für eine Siegesgöttin gehalten haben. Und unzerstörbar geblieben ist auch das, was diesen Platz trotz allem zu einem der schönsten in Deutschland machte: daß hoch über dem Schloß und seiner Krone die ewigen Hügel stehen. Schloßplatz, Königstraße (der planierte einstige Stadtgraben) und die sogenannte Friedrichsstadt zwischen Friedrichsplatz und Stadtgarten entstanden unter der Regierung des ersten württembergischen Königs; noch unter den Herzögen war die »reiche Vorstadt« jenseits des Grabens in der Gegend des Hospitals in regelmäßigen Quadraten angelegt worden. Ums Jahr 1800 hatte die Stadt rund 20000 Einwohner, ein halbes Jahrhundert später war die Einwohnerzahl verdoppelt. Noch dachte niemand daran, die steilen Hänge zu bebauen, vielmehr glaubte man, daß die städtebauliche Entwicklung talwärts dem Neckar zu verlaufen müsse. Die königlichen Villen und Schlösser wurden denn auch in dem Weiler Berg zwischen Stuttgart und Cannstatt, auf dem Kahlenberg, dem letzten Hügel vor dem Neckar, wo heute das 1825 von Salucci im italienischen Villenstil erbaute Schloß Rosenstein steht, und an dessen Fuß bei dem angeblich maurischen Terrassengarten der »Wilhelma« erbaut. Ein langer Park im englischen Stil, der sich vom Neuen Schloß bis zum Neckar dehnte, verband die Residenz mit den sommerlichen Gärten und Lustschlössern und der Bäderstadt Cannstatt, die in der Biedermeierzeit noch internationalen Rang behauptete; die Versuche, die im späten 19. Jahrhundert heftig industrialisierte Stadt, in der Gottlieb Daimler den ersten Kraftwagen konstruiert hatte, auch wieder als Kurort zu Ehren zu bringen, mußten scheitern, da auch die wunderkräftigen Heilquellen nur in idyllischer und soignierter Umgebung goutiert zu werden pflegen. Erst gegen Ende des 19. Jahrhunderts fanden die Stuttgarter den Mut, sich von der Talsohle zu lösen und die Hänge zu bebauen, wo sie schon immer ihre »Gütlein«, ihre Weinberge und auch ihre wunderhübschen Gartenhäuschen hatten. Einzelnen Landhäusern auf den Höhen der Gänsheide, der Feuerbacher Heide, des Hasenbergs, die sich noch bescheiden der Landschaft angepaßt hatten, waren Straßenzüge steiler und engbrüstiger Miethäuser und protzige Villen gefolgt, die mit der Rücksichtslosigkeit der Gründerjahre die sanften Hänge vergewaltigten. Erst nach der Jahrhundertwende, als Theodor Fischer und seine Architektenschule eine städtebauliche Ordnung in den Wirrwarr brachten, wurden die neuen Höhenstraßen mit verständnisvoller Anpassung an das eigenartige Gelände geführt und so von der Schönheit dieses Talkessels gerettet, was noch zu retten war. Zum Bild und

185

Wesen dieser Stadt gehört es aber auch, daß sie 1928 einen ihrer schönsten Höhenzüge dem Werkbund für das Experiment des damals revolutionärsten internationalen Baustils zur Verfügung stellte; wenn das Experiment auch mißlungen ist – und in dieser Landschaft, in diesem Klima mißlingen mußte –, so bleibt der Wagemut doch rühmlich und eine Ehre für die Stadt.

Solitude
Hohenheim – Ludwigsburg
Asperg und Marbach

Da Stuttgart so lange eine Residenz war, versteht es sich von selbst, daß auch einige Schlösser in der näheren und weiteren Umgebung vorhanden sind. Tief im Wald versteckt, aber auf beherrschender Kuppe liegt die Solitude, das 1763 bis 1767 erbaute Lustschloß des Herzogs Carl, das einst der Mittelpunkt eines üppigen Parks mit vielen Gebäulichkeiten war. Jetzt stehen außer dem hübschen, wahrhaft adligen Rokokoschloß nur noch einige der putzigen Kavaliershäuschen und das Gästehaus, während der Marstall, die katholische Kirche und andere Bauten entweder nach Stuttgart transloziert oder sonstwie in Abgang geraten sind. Denn die Herrlichkeit dauerte nicht lange. Nach einigen großartigen Festivitäten und Monstrejagden hatte der Herzog das Vergnügen an dieser Feenwelt im Waldesdickicht verloren und erbaute sich von 1785 an in Hohenheim auf den Fildern einen Edelsitz, wo er sich als Landwirt und Pädagog seinem Lande nützlich zu machen versuchte und an der Seite seiner letzten Mätresse Franziska, die ein sanftes und kluges Weibchen war, in einem Park voll künstlicher Ruinen und symbolischer Attrappen die Vergänglichkeit alles Irdischen sich und seinen Besuchern zu veranschaulichen bedacht war. Der einst in Deutschland berühmte Hohenheimer Park ist fast ganz verschwunden, der Rest verunstaltet, aber das großspurige Schloß und seine Nebengebäude stehen noch und zeugen von einem nüchternen, hausbackenen, wenn auch immer noch kultivierten Geist, dem Schwung und Grazie des Rokokos ganz abhanden gekommen sind.

Hohenheim war die letzte Station des württembergischen Rokoko-Absolutismus. Es hatte heftiger Kämpfe bedurft, bis es der auf die altverbriefte Verfassung pochenden Landschaft endlich gelungen war, den verschwendungssüchtigen Herzog, der im besten Zuge war, sein kleines Land finanziell zu ruinieren, zur Räson zu bringen. Seiner Sünden Maienblüte hatte er gehabt, als er, um den Stuttgartern und der Landschaft einen Possen zu spielen, 1755 seine Residenz mit allen Regierungsbehörden von Stuttgart weg nach Ludwigsburg verlegte. Hier hatte sein Großoheim Eberhard Ludwig in Hörigkeit gegen seine Mätresse, die berüchtigte »Landesverderberin« Grävenitz, an Stelle eines zum Kirchengut gehörigen Meierhofs, des sogenannten Erlachhofs, sich zunächst ein hübsches Jagdschloß und dann, von 1704 an, ein prunkvolles Residenzschloß erbauen lassen, an das sogleich auch eine richtige Stadt nach französisch-holländischem Rechteckschema angegliedert werden sollte, ähnlich wie das ja auch in Mannheim, Darmstadt und Karlsruhe nach dem großen Versailler Vorbild geschehen ist. Zwei Baumeister waren dabei beteiligt: der Deutsche Johann Fr. Nette und der Italiener Frisoni. Von dem Deutschen stammen das alte, nach Norden ausgerichete Corps de Logis und die kurzen Seitenflügel, von Frisoni die nach Süden gewendete niedrigere, aber dreimal so lange Gegenfront mit den zu einem Rechteck sich zusammenschließenden Verbindungsflügeln und den beiderseits vorgelagerten Zentralbauten, deren einer die Schloßkapelle enthält. Man kann den charakteristischen Unterschied zwischen dem mehr kubisch empfundenen, vertikal strebenden deutschen Barock und dem feinfühlig rhythmisierenden, die Horizontalen betonenden französischen Rokoko nirgends eindrucksvoller studieren als am Ludwigsburger Schloß, das für die Hofhaltung eines zehnmal so großen Fürstentums, als es Württemberg damals war, berechnet zu sein scheint. Aber diese Fürsten hatten es ja, und was der eine an stilgerechter Innenausstattung sich leistete, haben seine Nachfolger prompt als barbarisch verworfen und nach dem neuesten Geschmack umzumodeln sich beeilt. Da diese Angst, nur ja nicht hinter dem dernier cri fürstlichen Luxusses zurückzubleiben, erst mit dem dicken Friedrich aufhörte, der die ungeheure Ehre hatte, im Jahr 1805 drei Tage lang seinen allmächtigen Gönner Napoleon kurz vor Ulm und Austerlitz hier bewirten zu dürfen, so reicht die Stilwandlung in den Innenräumen des Ludwigsburger Schlosses bis ins gravitätische Empire.

Seine Glanzzeit erlebte Ludwigsburg während der zwei Jahrzehnte von 1755 bis 1775, als Herzog Karl hier Hof hielt. Wie es dabei zuging, liest man am hübschesten in dem »Bilderbuch aus meiner Knabenzeit« von Justinus Kerner nach, der mit Mörike, Strauß und Vischer zusammen das Quartett der vier berühmtesten Ludwigsburger bildet. Die Festivitäten, die am laufenden Band hier veranstaltet wurden, übertrafen an Pracht und Kostenaufwand alles, was die größten europäischen Höfe sich damals leisteten. Die Feuerwerke waren märchenhaft, und die Sänger, Tänzer und Musikanten, die in dem 1765 errichteten, ganz mit Spiegelglas verkleideten größten Opernhaus der Welt ihre Künste zum besten gaben, erzielten am württembergischen Hof höhere Gagen, als Paris und Wien zu bezahlen in der Lage waren. Im Jahr 1802 wurde dieser pompöse Theaterbau, auf dessen Bühne ganze Reiterschwadronen Platz hatten, abgebrochen; er war längst schon baufällig geworden, da sich nach Wegverlegung der Residenz niemand mehr darum gekümmert hatte.

Neben dem Drang, zu renommieren und sich als Gott zu fühlen, war der Hang zur schäferlichen Idylle für einen Rokokofürsten nicht weniger standesgemäß. Man baute also in die unverdorbene Natur hinein kleine Schlößchen, in denen man schwärmen und der verschwiegenen Liebe huldigen konnte. So entstand 1718 in der Fasanerie gegenüber dem alten Corps de Logis das Favoriteschlößchen, ein entzückendes Meisterwerkchen Frisonis, der sich nicht scheute, die Elemente einer barocken Kirchenfassade ins Niedliche und höchst Weltliche zu travestieren. Noch hübscher ist das nicht weit davon befindliche Seeschlößchen Monrepos, eine Schöpfung de la Guêpières, der hier sozusagen seine Solitude noch einmal en miniature wiederholte: Vollkommeneres als dieses besonders auch bildhauerisch wunderbar reiche und edle Werkchen hat das deutsche Rokoko nirgends aufzuweisen. Es blieb dem sentimentalen König Friedrich vorbehalten, auf die kleine Insel im künstlich angelegten See eine gotische Kapelle zu stellen, in deren Krypta die gruseligen Embleme eines Femgerichts zur Schau gestellt sind.

Die Stadt Ludwigsburg mit ihren schnurgeraden Straßen und weiten quadratischen Plätzen ist eine ideale Siedlung im Geschmack der rationalistischen Aufklärung: Sie ist nicht gewachsen, sondern auf dem Papier mit Hilfe eines Lineals entstanden. Und wie ihre Geburt, so waren auch ihre ferneren Schicksale von fürstlicher Willkür bestimmt. Innerhalb zweier Jahrzehnte, bis zum Tode Eberhard Ludwigs 1733, stieg die Einwohnerzahl von einigen Dutzend auf 6000, von denen 3000 sogleich wieder wegziehen mußten, als der Nachfolger Stuttgart als Residenz bestimmte. Als dann Herzog Karl von heut auf morgen sich ebenfalls für Ludwigsburg entschied, mußte sogar ein neuer Stadtteil, die sogenannte Karlsstadt mit dem Arsenalplatz als Mittelpunkt, angelegt werden, um die rasch auf 11 000 steigende Zahl der Beamten, Lakaien und Handwerker unterzubringen; jede württembergische Amtsstadt bekam die Auflage, hier auf ihre Kosten ein eigenes Haus zu erstellen, damit nur ja die neue Stadt wachse, blühe und gedeihe und die Artisten und Mätressen standesgemäß logieren könnten. Dann trat wieder einmal die große Wendung ein, Stuttgart kam wieder obenauf, und Ludwigsburg, auf weniger als die Hälfte seiner Einwohner reduziert, lag still und öde da, und auf den Plätzen und in den Straßen wuchs Gras. Zu König Friedrichs Zeit hatte die Stadt dann wenigstens den mageren Trost, in den Rang einer Sommerresidenz erhoben zu werden. Aber nach Friedrichs Tod 1816 war es auch mit dieser Ehre vorbei. Als Garnisonsstadt hat dann Ludwigsburg Ersatz für den verlorenen Residenzcharakter erhalten.

Die recht eintönige und flache Umgebung von Ludwigsburg hat immerhin einen Berg aufzuweisen, der als stumpfer Kegel charakteristisch genug die Gegend beherrscht: Es ist der Asperg, ein letzter, einsamer Ausläufer des Keuperberglandes, nach Nordosten hin bewaldet, im übrigen mit Weinbergen bebaut. Hier war schon in vorgeschichtlicher Zeit ein Herrschersitz und seit dem 9. nachchristlichen Jahrhundert eine Burg der Pfalzgrafen von Tübingen mit einer größeren Siedlung, die sogar Stadtrecht besaß. Ums Jahr 1300 kamen Burg und Stadt durch Kauf an die Grafen von Württemberg, die den Berg festungsartig auszubauen begannen. Eine entscheidende Rolle hat die Festung in den vielen Kriegen freilich nie gespielt: 1519 wurde sie von den Österreichern erobert, 1635 von den Kaiserlichen, 1688 von den Franzosen, die die Werke schleiften. Seit Beginn des 18. Jahrhunderts war sie Staatsgefängnis: Hier saß der Jude Süß in den Monaten vor seiner Hinrichtung, hier wurde zehn Jahre lang der Dichter Schubart, ohne zu wissen warum, in schimpflicher Haft gehalten, und hier mußten im 19. Jahrhundert auch noch die Vorkämpfer des »guten, alten Rechts« und die Burschenschaftler ebenso wie die achtundvierziger Demokraten für ihre freiheitliche deutsche Gesinnung büßen. So ist der Asperg ein rechter Märtyrerberg der Schwaben geworden.

Der Neckar schlängelt sich wenige Kilometer östlich von Ludwigsburg durch die Landschaft. Dort ist, beim Einfluß der Murr in den Neckar, auf einer Muschelkalkplatte über dem Steilufer das Städtchen Marbach gelegen, das als Geburtsort Schillers weltberühmt geworden ist. Noch ist die Herberge mit Bäckerei zum »Goldenen Löwen« zu sehen, die Schillers Großvater gehört hat, noch steht auch im Zug der Ringmauer der alte Obertorturm, als dessen Wächter eben jener Großvater nach Verlust seines ganzen Besitzes

Nebenstehend: Marbach am Neckar

sein Leben armselig genug beschloß. Gustav Schwab hat sich von alten Marbachern erzählen lassen, daß der junge Friedrich Schiller, wenn er von Ludwigsburg aus seine Großeltern besuchte, das Torhäuschen immer nur durch die Hintertüre betrat, um von den Leuten nicht gesehen zu werden, denn das Torhäuschen war das Armeleuthäuschen im damaligen Marbach. Überaus proper und gemütlich präsentiert sich jetzt das Haus, in dem Schillers Eltern zur Miete wohnten und Friedrich geboren wurde. Aber der Schein trügt, eine falsche Pietät hat das Häuschen außen und innen renoviert und mit neuen Fenstern und Türen und einem aufgesetzten Fachwerk versehen; zu der Zeit, als die Strohwitwe des herzoglich württembergischen Fouriers Caspar Schiller hier ihren Sohn gebar, war es nur ein dürftiges Bauernhaus, das sich von den anderen bescheidenen Häusern dieses kleinen Landstädtchens durch nichts unterschied. Schiller wird für uns nicht kleiner, wenn wir wissen, daß sein Geburtshaus im Gegensatz zu dem Goethes nur eine schmucklose Hütte war, die seinem Vater nicht einmal zu eigen gehörte.

Sehr hübsch aber war der Gedanke, auf der Höhe über Marbach im ungefähren Stil der Solitude ein Schillermuseum zu errichten, das nicht nur das Gedächtnis Schillers pflegen, sondern zugleich auch der Ehrung all der anderen schwäbischen Dichter und Denker dienen sollte, auf die unser Stamm nun einmal mit Recht stolz ist. Hier hat jeder Schwabe, der einmal etwas hat drucken lassen, Anwartschaft auf eine, wenn auch nur lokal begrenzte Unsterblichkeit. Und daß nicht nur Bücher, Manuskripte, Briefe und Bildnisse, sondern auch so manches von den Siebensachen aus dem bürgerlichen Alltag unserer zahlreichen Dichter und Denker hier als Kuriosum verwahrt bleibt, spricht für das durchaus familiäre Gefühl, das die Schwaben auch heute untereinander verbindet und das begreiflicherweise für alle Nichtschwaben einen leicht komischen Beigeschmack hat.

Nebenstehend: Besigheim

Besigheim

Das schönste alte Städtlein am mittleren Neckar ist Besigheim. Seine Lage auf schmalem, steilaufragendem Muschelkalkrücken zwischen einem Neckarbogen und dem Mündungsarm der Enz ist derart superb, daß hier ein Refugium für Menschen, die sich ihrer Freiheit zu wehren entschlossen waren, schon in frühester Zeit entstehen mußte. Tatsächlich ist das feste Besigheim, das im frühen Mittelalter schon zwei Burgen hatte, eine im Tal und die andere am entgegengesetzten Ende droben auf der Höhe, und bei jeder Burg einen dicken, runden Turm, zwar oft berannt, aber nie eingenommen worden, auch nicht von Herzog Ulrich, der zweimal dem hier mitten in altwürttembergischem Gebiet sitzenden Markgrafen von Baden den Ort mit aller Macht entreißen wollte, aber über die doppelte Ringmauer nicht hinüberkam. Die beiden Türme, die heute noch stehen, stammen aus dem 12. Jahrhundert, sie haben Durchmesser von 11,5 und 12,5 Metern bei einer Mauerstärke von 3,5 bzw. 4 Metern und sind mit Buckelquadern verkleidet. In elf Meter Höhe sind Einstiege vorhanden; durch eine Wendeltreppe gelangt man in kuppelig gewölbte, bewohnbare Kammern, deren eine noch einen romanischen Kamin enthält. Sicherer konnte man sich nirgends bergen gegen die schwersten Kugeln und die wuchtigsten Sturmböcke als so hoch hinter den dicken Mauern. Diese Bergfriede, deren oberer noch ein fröhlich geschweiftes Kegeldach mit Ausguck trägt, haben als trutzige Zeugen mittelalterlicher Kriegsbaukunst die Stürme und Kriege der Jahrhunderte wohlbehalten überstanden, und man wundert sich nicht, daß sie auch nach dem letzten Bombenhagel des Zweiten Weltkrieges noch unerschüttert und ungeborsten stehen.

Das Bild des mittelalterlichen Besigheim, über der Enz terrassenartig sich auftürmend, bleibt jedem unvergeßlich, der es einmal gesehen hat. Da schachteln sich die kreuz und quer gestellten Satteldächer über der unmittelbar am Fluß als dem natürlichen Wassergraben hinziehenden Stadtmauer auf; jedes Haus und jedes Häuschen eine Individualität, das kunstvolle Gewirr großartig gekrönt von dem mächtigen, ein wenig abgewalmten Spitzgiebel des Rathauses, auf dem hinten und vorn je ein kokettes Türmchen reitet. Wie eine große, ernste Gluckhenne thront das aus dem Jahr 1459 stammende monumentale Bauwerk über der dicht sich herandrängenden Schar der vorwitzigen bürgerlichen Giebelchen. Der Turm der hochgotischen Stadtkirche, die einen wunderherrlichen Hochaltar des Christoph von Urach von 1520 birgt, ist aus dem Zentrum des Bildes hinausgerückt in die Nachbarschaft des oberen Turms mit Front gegen das Neckartal. Daneben das uralte Steinhaus, das später als Kornkasten diente, mit seinem gewaltigen Walmdach.

Einer verbürgten Anekdote zufolge hat Herzog Karl, dem ja auch das Alte Schloß in Stuttgart als Residenz nicht mehr vornehm genug war, jedesmal, wenn er durch Besigheim kam, den frommen Wunsch geäußert, daß endlich einmal eine solenne Feuersbrunst dieses alte Burgnest in Schutt und Asche legen möge: Er schämte sich vor seinen Gästen dieses Überbleibsels aus dem finsteren Mittelalter. Und er hatte Grund dazu, schrieb doch auch Goethe 1797, als er an Besigheim vorbeifuhr, lakonisch in sein Tagebuch: »übel gebautes, schmutziges Landstädtchen«.

In der Gegend wächst Wein, der zu den süffigsten und blumenreichsten des Schwabenlandes zählt; »Schalksteiner« und »Wurmberger« nennt man die besten Lagen nach den Hängen, deren Sonne ihn durchwärmt. Außerhalb des Landes kennt man ihn kaum, denn die Besigheimer lassen sich ihren Wein selber schmecken.

Lauffen am Neckar

Stromabwärts, kurz vor Heilbronn, liegt das Städtchen Lauffen, das seinen Namen einer Stromschnelle verdankt. Bekannt geworden ist es in neuerer Zeit als Geburtsort Hölderlins, dessen Vater hier Klosterhofmeister war (ein

Kloster gab es freilich in dem erzprotestantischen Städtchen damals schon längst nicht mehr), und durch die erste Übertragung elektrischen Stroms von hier zur Elektrizitätsausstellung in Frankfurt am Main, was im Jahr 1891 eine Sensation war. Die große Zeit Lauffens liegt weit zurück, in jenen frühmittelalterlichen Jahrhunderten, als noch Zeichen und Wunder geschahen. Da wurde das siebenjährige Töchterlein des Grafen von Lauffen, der seine schon 832 erwähnte Burg auf der Felseninsel mitten im Strom hatte, von ihrer Amme erwürgt und in den Neckar geworfen (in unseren lieben alten Märchen und Sagen regiert ja gemeiniglich eine höchst grausame Phantasie). Einige Tage später fand man das Kind im Maul eines Fisches; es lebte zwar nicht mehr, aber es hatte noch rote Bäckchen und zeigte auch sonst an seinem Körperchen keine Spur irgendeiner Gewaltanwendung. Das wurde für ein Wunder gehalten. Eine Kapelle wurde erbaut, die den Sarg der kleinen Regiswindis aufnahm. Später wurde das Kind heiliggesprochen, eine Kirche neben der Kapelle ihr zu Ehren gestiftet und ein Kloster gegründet, in dem Dominikanerinnen das Gedächtnis der kleinen Heiligen pflegten. Herzog Ulrich, der hier in der Nähe 1534 seinen entscheidenden Sieg über die Österreicher erfocht und damit sein Land zurückgewann, hat die Nonnen, die sich keines gottgefälligen Lebenswandels befleißigt haben sollen, dann kurzerhand davongejagt.

Schön ist der Blick von der langen steinernen Neckarbrücke, die aus dem Jahr 1530 stammt, zum Städtchen auf dem rechten Ufer, dessen Martinskirche drei Jahrhunderte lang nach einem Brand als eine Ruine dastand, bis sie um die Mitte des vorigen Jahrhunderts recht und schlecht wieder instand gesetzt wurde, hinüber nach dem Dorf auf dem andern Ufer und zur Insel, die noch als Reste der alten Grafenburg einen viereckigen Bergfried mit angebautem »Mantel« (jetzt Rathaus) aufweist; dieser trotzige Turmstumpf hat von seiner Würde nichts eingebüßt, als in der

Nebenstehend: Lauffen am Neckar

Nachbarschaft der höchste Kamin auf württembergischem Boden erstellt wurde; er dient der Zementbereitung. Außerdem werden in Lauffen Zigarren hergestellt, Tuchschuhe und unter Ausnützung der Stromschnellen elektrischer Strom für die weitere Umgebung. Das Beste ist aber noch immer der Wein, der auf diesen so sanft geschwungenen Talhängen wächst.

Heilbronn am Neckar

Goethe hat, als er bei seiner Italienfahrt 1797 einige Tage in Heilbronn Rast hielt, die Stadt genau und mit dem gewohnten sehr kritischen Blick betrachtet und manches Löbliche darüber in seinem Tagebuch vermerkt. Damals fuhr man vom Norden her über eine bedeckte Brücke in die Stadt ein, deren längliches Viereck noch ganz von Mauern, Gräben und Türmen umzogen war. Von diesen Fortifikationen hatte sich nur weniges ins 20. Jahrhundert herübergerettet, obgleich inzwischen nichts Kriegerisches mehr passiert war. Immerhin blieb im Mauerwinkel rechter Hand der alte Diebsturm erhalten, in dem Götz von Berlichingen gefangengehalten worden sein soll. Allerdings nur eine Nacht lang, denn anderntags schon erschienen seine Freunde Sikkingen und Frundsberg vor den Toren und erzwangen ritterliche Haft für den alten Freund. Merkwürdigerweise scheint Goethe während seines Heilbronner Besuchs gar nicht daran gedacht zu haben, daß die drastische Szene seines Jugendwerks in eben diesem Heilbronn, und zwar auf dem Rathaus spielt, und auch die Heilbronner scheinen sich nicht erinnert zu haben, daß die Exzellenz, die in dem damals soeben neugebauten Gasthof zur Sonne in der Sülmer Straße abgestiegen war, jener Stürmer und Dränger sei, der die hochwohllöblichen Heilbronner Ratsherren und Weinschröter dem unsterblichen Gelächter der Welt preisgegeben hatte.

Nebenstehend: Heilbronn

Besser schneidet Heilbronn bei einem anderen Klassiker ab, bei Kleist, der sein romantisches »Käthchen« aus Heilbronn gebürtig sein läßt, worauf die Heilbronner prompt ein besonders schönes altes Haus an ihrem Markt als »Käthchenhaus« aufzogen, denn die Freunde der Dichtung, die Heilbronn besuchten, wollten etwas sehen, und irgendwo mußte das rührende Mägdelein ja sein Heim und ihr Vater, jener wackere Waffenschmied Theobald Friedeborn, seine Werkstatt gehabt haben: warum also nicht am Marktplatz im Schatten der Kilianskirche in der Nähe des stolzen Rathauses? Und da man immerhin kein ganz gutes Gewissen dabei hatte, so sagte man eben, daß »der Sage nach« hier jenes Käthchen gewohnt habe. In Wahrheit aber hat es eine Käthchensage überhaupt nie gegeben, wohl aber die »Geschichte einer magnetischen Schlafrednerin« von dem Heilbronner Arzt Eberhard Gmelin, die Kleist zu der dichterisch völlig frei erfundenen Gestalt angeregt hat; jene Schlafrednerin hieß Liselotte Kornacher und war die sechzehnjährige Tochter eines Bürgermeisters. Den Namen Käthchen aber entnahm Kleist der englischen Ballade «Lord Heinrich und Katharina«, die Herder in Deutschland bekannt gemacht hatte. Es zeigt sich hier einmal wieder, wie auch im Fall des Goetheschen Götz, daß die dichterische Phantasie Wirklicheres und Unvergänglicheres schafft, als was der Zufall des Lebens gebiert. Es war aber auch nicht von ungefähr, daß die Stadt Heilbronn als Schauplatz erwählt worden war: Der klangvolle Name zaubert poetische Wirklichkeit vor.

Die Lage in der weiten, freien Talebene an jener Stelle des Neckars, von der an der Fluß schiffbar ist, im Kreuzpunkt der alten Handelsstraßen Frankfurt–Ulm und Straßburg–Nürnberg mußte die Menschen, die hier wohnen, auch wenn sie nicht das leichte fränkische Blut in den Adern gehabt hätten, weltoffen, daseinsfreudig und unternehmungslustig machen. Schon zur Römerzeit besiedelt, war Heilbronn im siebten nachchristlichen Jahrhundert ein Vorposten der irischen Mission mit dem heiligen Kilian als

Täufer, der dazu den bei der späteren Kilianskirche entspringenden »Heilbrunnen« benutzte. Kaiser Karl soll hier eine Pfalz errichtet haben, auf deren Grundmauern dann der Gebäudekomplex des Deutschen Hauses entstanden ist, wo mehrere Jahrhunderte hindurch der Sitz des Landkomturs der Ballei Franken war. Seit 1360 Freie Reichsstadt, war Heilbronn unter den ersten, die sich sofort kompromißlos für die Reformation entschieden, und hob die vier Klöster, die hier angesiedelt waren, auf.

Wie stürmisch und offenbar auch humorig die Hinwendung zur neuen Glaubenslehre hier geschah, läßt sich am eindrucksvollsten am Turm der Kilianskirche ablesen, der bis zur ersten Plattform gediehen war, als der revolutionäre Geist losbrach. Stilistisch spielt sich nun zwischen der ersten und zweiten Plattform ein Kampf zwischen hochgotischen und renaissancistischen, ja schon barock zu nennenden Formen ab; thematisch wird jetzt all das, was bis zu diesem Bauabschnitt ernst genommen worden war, ins Lustige und Groteske verzerrt, so beispielsweise der Stand der Mönche und Nonnen, die in den unheiligsten Stellungen als Wasserspeier verewigt sind. Der Turm, der als einer der eigenartigsten und kapriziösesten in deutschen Landen zu gelten hat, verzichtete auf die übliche Bekrönung durch einen Pyramidenhelm und gelangt durch mehrere sich verjüngende, laternenartige Oktogone schließlich zur Spitze, auf der die Kolossalstatue eines Landsknechts unchristlich genug das Banner der Reichsstadt im Winde flattern läßt. Hans Schweiner, ein gebürtiger Weinsberger, ist der geniale Schöpfer des originellen Turms.

Außer der Kilianskirche war es besonders das alte Rathaus am Marktplatz, auf das die Heilbronner mit Recht stolz waren. Der schlichte, vornehm zurückhaltende Bau aus gotischer Zeit wurde im 16. Jahrhundert renaissancistisch modernisiert und mit einer Freitreppe ausgestattet, die zu einer der ganzen Front des ersten Stockwerks vorgelegten offenen, mit schönem Maßwerk abgebrüsteten Plattform beiderseits heraufführte; darunter eine offene Bogenhalle mit kurzen ionischen Säulen. Der Hauptakzent aber lag auf dem pittoresken schmalen Ziergiebel, der die kunstvollen Zifferblätter der astronomischen Uhr des Straßburger Meisters Habrecht aufwies; nur eine sehr wohlhabende Stadt konnte sich ein solches Uhren-Wunderwerk leisten. Darüber auf dem Dachfirst ein putziges Türmchen. Die später angebauten Rathauserweiterungen traten mit ihren Fronten ehrerbietig vor dem älteren Bau zurück, wußten sich aber durch ihre feinen renaissancistischen Giebel trotzdem zur Geltung zu bringen.

Mit Wehmut denkt man daran zurück, daß nirgends im weingesegneten Württemberger Land die Herbste fröhlicher und ausgiebiger gefeiert worden sind als in dieser, jetzt so trostlos ruinierten Stadt am Neckar. Werden sie je wiederkehren, die alte Fröhlichkeit und das satte, stolze Behagen am ererbten Besitz? Der gute Heilbronner Wein wird auch in Zukunft unter Gottes Sonne nicht weniger prickelnd gedeihen; aber die Sorgen, die er brechen soll, werden schwerer sein als je zuvor in der fast tausendjährigen Geschichte der Stadt.

Weinsberg

Zuerst welfisch, dann staufisch, eine Zeitlang auch pfälzisch und seit 1504 württembergisch war das nur wenige Kilometer von Heilbronn entfernte Städtchen Weinsberg, berühmt durch seine Weibertreu und das Kernerhaus. Die hübsche Sage von der Weibertreu geht auf die Eroberung durch den Staufer Konrad III. im Jahr 1140 zurück, der den Weibern freien Abzug gewährte, wenn sie nicht mehr mitnähmen, als sie auf ihren Schultern tragen könnten. Da nahmen die Weiber ihre Männer huckepack und retteten ihnen so die Freiheit und das Leben. Die Burg aber war seither die

Nebenstehend: Weinsberg

Weibertreu geheißen, und viele kleine und große Dichter haben sich mit mehr oder weniger Witz um den dankbaren Stoff bemüht. Im Bauernkrieg wurde die Burg dann am Osterfest 1525 von den Bauern, die auch vor den schönsten Sagen keinen Respekt mehr hatten, so gründlich zerstört, daß nur noch die aus der Stauferzeit stammenden Ringmauern und einige dicke Turmreste übrig geblieben sind. Da die rabiaten Bauern aber nicht nur die Burg zerstört, sondern unter Führung des Böckinger Jäcklein Rohrbach auch noch ein Dutzend prominenter Ritter durch die Spieße gejagt hatten, hielt der nicht weniger rabiate Georg Truchseß von Waldburg es für seine Pflicht, zur Strafe dafür das Städtchen einzuäschern; sieben Jahre später hat Herzog Ulrich es dann wieder aufgebaut.

Erhalten geblieben ist aber damals gottlob die spätromanische Kirche aus dem 13. Jahrhundert mit dem charakteristischen achteckigen Turm, auf den sich die Ritter vor den Bauern geflüchtet hatten. Hier oben stand der Herr von Weiler, für den die Bauern nur »Roßmucken« waren, und bot wimmernd 30 000 Goldgulden, wenn ihm das nackte Leben belassen würde. »Nicht für eine Tonne Gold!« brüllten die Bauern, schossen ihm eine Kugel durch den Hals und warfen den Leichnam in den Kirchhof hinab. Anderntags wurde der ebenso hochmütige Graf Helfenstein unter Voraustritt seines Hausnarren durch die Gasse gejagt; mit dem Fett seines Kadavers schmierte sich die »schwarze Hofmännin«, die ebenfalls aus Böckingen stammte, ihre Schuhe. Des Grafen Frau und sein kleines Kind wurden auf einen Mistwagen gesetzt und gen Heilbronn gefahren.

Freundlichere Erinnerungen knüpfen sich an das behäbige biedermeierliche Haus, das der Arzt und Dichter Justinus Kerner sich 1822 am Fuß der Weibertreu erbaut hat. Im großen Garten steht ein alter, dicker Turm, der einst zur Stadtbefestigung gehört hatte und dann als »Geisterturm«, von Kerner ebenso wie die Ruine der Burg mit Äolsharfen

Nebenstehend: Maulbronn

205

ausgestattet, eine romantische Rolle gespielt hat. Denn Kerner war ja nicht nur Arzt und Dichter, sondern auch ein mächtiger Geisterbeschwörer, der die somnambule Kaufmannsfrau Friederike Hauffe, die »Seherin von Prevorst«, jahrelang als Hausgast bei sich beherbergt hatte und zwei dickleibige Bücher darüber geschrieben hat. Das focht indessen die vielen Freunde des Dichters, zu denen Uhland, Schwab, Lenau und die ganze schwäbische Dichterschule gehörten, nicht weiter an, sie ließen dem braven Mann seinen Sparren und hielten sich bei ihren häufigen Besuchen an die sehr guten leiblichen Dinge, die das Rikele, Kerners brave Ehegesponsin, ihnen aufzuwarten pflegte. Denn im Kernerhaus wurde trotz aller okkultistischen Liebhabereien gut und reichlich gegessen und namentlich auch wacker getrunken, zweieinhalb Liter oder zehn Viertele bezeichnete der Sohn Theobald als das durchschnittliche tägliche Quantum seines Vaters. Das macht begreiflicherweise Mut, mit allerlei Geistern anzubändeln und auch den gruseligen parapsychologischen Erscheinungen auf den Leib zu rücken.

DAS ZABERGÄU

Zwischen dem Neckar und der badischen Grenze, westlich der Strecke Lauffen–Heilbronn, dehnt sich das Zabergäu. Die Zaber, die bei Lauffen in den Neckar fließt, teilt das Gäu in den südlichen Stromberg und den nördlichen Heuchelberg. Es ist freundliches, weingesegnetes Hügelland, das einst zu Rheinfranken gehörte, ohne dramatische landschaftliche Akzente und ohne erregende kunstgeschichtliche Sehenswürdigkeiten, aber reich an intimen Reizen und Ludwig Richterschen Idyllen in allen Lebensverhältnissen. Das altertümliche Städtchen Brackenheim mit seiner hochgotischen Stadtkirche und seinem hübschen, von Herzog Christoph erbauten Renaissanceschloß ist der Hauptort. Daneben beansprucht das oftmals abgebrannte Städtchen Güglingen noch einige Wichtigkeit.

Westlich des Strombergs liegt in stiller, sanft gehügelter Landschaft das Zisterzienserkloster Maulbronn, das als die besterhaltene rein mittelalterliche Klosteranlage Deutschlands eine kulturhistorische Sonderstellung einnimmt. Die Kirche mit dem vorgelagerten »Paradies« und die eigentlichen Klostergebäude stammen in der Hauptsache aus dem späten 12. und frühen 13. Jahrhundert und dokumentieren den kunstgeschichtlich interessanten Übergangsstil von der Romantik zur Gotik, der nirgends aufschlußreicher zu studieren ist als an den Maulbronner Bauten; ein kundiger Gang durch die organisch an die Kirche sich angliedernden Räume des Kapitelhauses, die Refektorien, den Kreuzgang, das Kalefaktorium und Parlatorium bis zum Abtshaus und Herrenhaus (Gästehaus) und den nach Westen vorgeschobenen Wirtschaftsgebäuden, die größtenteils renaissancistischer Herkunft sind, führt an den sublimsten Beispielen durch die größten Jahrhunderte der Architekturgeschichte. Unvergeßlich bleiben jedem, der hier einmal zu Besuch war, der wunderbare, vom Kreuzgang im Viereck umhegte Friede des Kreuzgartens mit seiner neuneckigen Brunnenkapelle, in der aus drei übereinander angeordneten Schalen das Wasser melodisch plätschert; hier geschah vor jedesmaligem Betreten des Speiseraums die obligate Waschung. Sagenumwoben ist der auf der Ringmauer aufgesetzte sogenannte Faustturm, in dem der angeblich aus dem benachbarten Knittlingen gebürtige Doktor Johannes Faustus alchimistische Experimente angestellt haben soll. Historisch ist das zwar nicht haltbar, aber bezeichnend ist es immerhin, daß die Volksphantasie dem Erzzauberer gerade in dem stillen und heiligen Winkel Schwabens eine Heimstatt bereitet hat.

Als Herzog Christoph um die Mitte des 16. Jahrhunderts daran ging, die aufgehobenen Mönchsklöster in protestantische Klosterschulen zu verwandeln, »damit Kirchendiener zum Lehr- und Predigtamt fürderlich daselbst erzogen würden«, wurde auch aus der wunderschönen alten Zisterzienserabtei ein evangelisch-theologisches Seminar. Das geschah im Jahr 1558. Der berühmteste Maulbronner Alumnus war Friedrich Hölderlin, der von 1786 bis 1788 in der vorgeschriebenen »ärmellosen schwarzen Kutte« den humanistischen Studien oblag und hier auch das schmerzliche Glück der ersten Liebe mit Luise Nast, der Tochter des Klosterverwalters, der »Stella« seiner frühen Gedichte, erlebte. Noch unglücklicher fühlte sich ein Jahrhundert nach ihm ein anderer schwäbischer Dichter als Maulbronner Seminarist: Es war Hermann Hesse, der schon nach wenigen Monaten, krank vor Heimweh, von hier zurück ins Calwer Vaterhaus floh und erst ein Menschenalter später zu kurzem Besuch hierher zurückkehrte, um noch einmal das sanft im Sterngewölb widerklingende Brunnengeläut der Maulbronner Kreuzgangkapelle zu vernehmen, das unvergeßliche Lied seiner Jugendzeit.

HOHENLOHER EBENE UND TAUBERGRUND

Nordöstlich von Heilbronn zieht sich, von den Neckarnebenflüssen Kocher und Jagst durchflossen, die Hohenloher Ebene hin. Der Name rührt von dem uralten fränkischen edelfreien Geschlecht der Hohenlohe her, das seit dem 13. Jahrhundert in dieser Gegend begütert war und später in eine Vielzahl von Haupt- und Nebenlinien sich aufspaltete, unterschieden nach den netten kleinen Residenzen, von denen aus sie ihre Duodezstäätchen regierten. Seit 1806 durch die Rheinbundakte mediatisiert, kamen die hohenlohischen Städtchen und Grafschäftchen fast allesamt unter württembergische Landeshoheit.

Nebenstehend: Öhringen

Öhringen und Neuenstein

Hinter Weinsberg treten wir ins ehemalige hohenlohische Territorium ein. Es ist eine verwunschene Gegend. Hier scheint die Zeit seit Jahrhunderten stillzustehen. Was altfränkisch eigentlich bedeutet: In diesen kleinen Residenzen mit den großmächtigen Schlössern und den verwilderten Parks kann man es leibhaftig erfahren. Durch dieses freundliche und waldreiche, aber menschenarme Hügelland führen keine großen Durchgangsstraßen, es gibt keine Verkehrszentren, keine Industriewerke von mehr als regionaler Bedeutung; wohl aber die alteingesessene Behäbigkeit und zeremonielle Schrulligkeit der idyllischen Leutchen, die in »Hermann und Dorothea« ihr Wesen haben, und auch deren Biedersinn und Herzensklugheit. Generationen von Grafen und Fürsten haben hier regiert, ihre stattlichen und künstlerisch oft sehr wertvollen Denkmäler stehen in den Kirchen und auf den Marktplätzen; aber außerhalb der Mauern sind ihre Namen und Taten nicht bekannt geworden. Und auch von den »Untertanen« hat keiner sich vermessen, nach Ruhm und Geltung im größeren Vaterland zu streben. »Bene vixit qui bene latuit« – glücklich lebt nur, wer sich geschickt zu verbergen weiß: Im Hohenlohischen hat man sich auf diese horazische Kunst immer gut verstanden. An diesem stillen Winkel zwischen Kocher und Jagst zogen außen im großen Bogen die Kriege und Revolutionen vorbei; drinnen aber blieb immer alles beim alten. Wenn ein großer französischer Philosoph einmal behauptet hat, daß alles Unglück der Welt nur davon herrühre, daß der Mensch nicht ruhig zwischen den vier Wänden seiner Stube bleiben könne, im Hohenlohischen haben die Menschen in den entscheidenden Augenblicken ihrer Geschichte gerade das ohne Mühe fertiggebracht. Nicht als ob hier Duckmäuser lebten! Es sind umgängliche, fröhliche und sehr gesellige Leute, die das Leben zu genießen wissen und, wenn Fremde

Nebenstehend: Neuenstein

211

sich an ihren Stammtisch setzen, die Lacher stets auf ihrer Seite haben; denn sie besitzen einen lockeren und kecken Witz, wenn erst ein guter Wein ihnen die Zunge gelüpft hat.

Das Musterstädtchen des Bezirks ist Öhringen, das eine noch mit Mauern und Toren bewehrte Altstadt mit wunderhübschem Marktplatz und spätgotischer Stiftskirche besitzt und eine Vorstadt, zu der ein interessantes Kolonnadentor aus dem 18. Jahrhundert fast wie unter einem Triumphbogen hindurch führt. Diese »Karlsvorstadt«, in der zweiten Hälfte des 16. Jahrhunderts angelegt, ist mit ihren sauberen, breiten Straßen und den behaglichen Häuschen unter schweren Mansardendächern eine rechte Idylle. Hier wohnen pensionsberechtigte Beamte, also ordentliche Leute, die die hohenlohischen Domänen pünktlich verwalten oder die Interessen des württembergischen Staates wahrnehmen. Hier ist alles aufs beste geregelt und geht seit alters und wohl auch noch in ferner Zukunft seinen geweisten Gang. Hier möchte man leben, wenn man sehr alt ist und nur noch seinen Frieden auf der Welt sucht.

Im Mittelpunkt steht natürlich das große hohenlohische Schloß, ein ziemlich finsterer Renaissancebau mit Schnörkelgiebeln und breiten Altanen und dahinter einem alten, von der kleinen Ohrn durchflossenen Park, der jetzt auf höchst romantische Art verwildert ist. Etwa eine Wegstunde entfernt liegt im Wald das Lustschloß Friedrichsruh aus dem Anfang des 17. Jahrhunderts, ebenfalls inmitten eines Parks, der schon 1613 als Tiergarten angelegt war. Unweit davon sind im Wald versteckt wohlerhaltene Reste des römischen Limes, waren doch in dieser Gegend starke Grenzbefestigungen der Römer mit zwei Kastellen und einer größeren Siedlung, die dem weisen Marc Aurel ihren Namen verdankte.

Das größte Schloß der Hohenlohe liegt in dem kleinen Städtchen Neuenstein, im Jahr 1568 an Stelle einer mittelalterlichen Wasserburg errichtet, von der noch der Bergfried

Nebenstehend: Waldenburg

und die Ringmauer erhalten geblieben sind. Das riesige, in regelmäßigem Viereck erbaute Schloß erinnert mit seinen vier Ecktürmen an das Alte Schloß in Stuttgart, diesem an Größe und Wucht wenig nachstehend, es aber an malerischer Wirkung infolge der kontrastreicheren Behandlung der Türme übertreffend. Besonders imponierend das große Brückentor, das von zwei Rundtürmen mit offenen Laubenaufsätzen flankiert ist. Das Innere zeigt manche gewölbte Säulenhalle, darunter den zweischiffigen »Kaisersaal« und die ebenfalls mit Netzgewölbe versehene großräumige Küche. Der See, der das Schloß zu einer regelrechten Inselburg macht, ist eine künstliche Aufstauung des kleinen Eybaches. Nachdem das Schloß jahrzehntelang als Tuchmanufaktur und auch als Armenhaus hatte dienen müssen, hat später der Burgenrestaurator Bodo Ebhardt die alte feudale Pracht wieder herzustellen versucht.

Im Städtchen Neuenstein, das nicht viel Residenzliches an sich hat, steht übrigens das Geburtshaus von Goethes Ururgroßvater Johann Wolfgang Weber, der sich dann nach humanistischem Brauch »Textor« genannt hat; er war der Sohn eines hohenlohischen Kanzleibeamten, wurde 1691 Professor der Rechtswissenschaft in Heidelberg und kam bald darauf als Syndikus nach Frankfurt am Main. Als der größte Sohn des kleinen Neuenstein aber hat jetzt wohl Wilhelm Schrader zu gelten, der als der »alte Gäwele« den gemütlichen Hohenloher Dialekt literaturfähig gemacht hat. Weitere hohenlohische Schlösser sind in Waldenburg auf steiler Bergnase mit anschließendem mauerumwehrtem Städtchen, in Sindringen mit der schönen langen Kocherbrücke aus Stein, in Forchtenberg, dieser »Idylle der Wehrbaukunst«, in Pfedelbach, Kupferzell, Langenburg mit seinen mächtigen runden Geschütztürmen, in Niederstetten, Kirchberg, Bartenstein, Adolzfurt und in Ingelfingen zu finden, diesem nettesten Residenzchen aus der Zopfzeit, das man über eine Brücke mit einem adretten klassizistischen

Nebenstehend: Künzelsau

215

Zollhäuschen betritt, ohne daß noch Zoll erhoben wird. Auch das Künzelsauer Schloß mit seinen vier Ecktürmen, das jetzt Lehrerseminar ist, war einst hohenlohischer Besitz.

Weikersheim

Die am besten erhaltene kleinfürstliche Residenz, an der sich die Entwicklung vom ausgehenden 16. bis in die Mitte des 18. Jahrhunderts lückenlos ablesen läßt, will aber droben im Taubergrund aufgesucht sein. Es ist das stille, wohlversteckte Weikersheim im offenen Talwinkel, den die Tauber und der Vorbach bilden. Im Mittelalter eine Wasserburg, deren runder Bergfried mit später aufgestülpter Schieferhaube noch unerschüttert steht, ist das Schloß in der Renaissancezeit als unregelmäßiges Dreieck mit sehr kultivierter Pracht erbaut worden. Die Hauptfront, die über einen sehr breiten Graben hinweg nach dem zwar ebenfalls verwilderten, aber im Grundriß noch wohlerkennbaren Park schaut, ist dreigeschossig, nach dem Hof zu mit einer Altane auf Rustika-Arkaden ausgestattet, und reckt aus dem Dach fünf symmetrisch angeordnete Zwerchgiebel heraus. Hier befindet sich ein großer, 38 zu 18 Meter messender, 9 Meter hoher Saal, der von Dehio als der prächtigste der Epoche gerühmt wird. Als Portalumrahmung und über dem Kamin sieht man pompöse plastische Dekorationen, über den Fenstern Flachreliefs mit ruhenden Hirschen, deren vorgestreckte Köpfe in Vollplastik natürliche Geweihe tragen. Die schwere Felderdecke, eine Hängekonstruktion kühnster Art, zeigt gemalte Jagdszenen, wobei auch das Derbste vom Derben nicht verschmäht wird. Es müssen schon vollsaftige Kerle gewesen sein, die in diesem prächtigen Saal becherten und renommierten, tanzten und sangen. 1768 ist die Weikersheimer Linie der Hohenlohe ausgestorben; seitdem ist alles geblieben, wie es damals war. Im Schloßpark, einer

Nebenstehend: Weikersheim

Schöpfung aus der Barockzeit, kann man auf Schritt und Tritt anmutige und frivole Statuen, Obelisken, reizende steinerne Bänke, vertrocknete Wasserspiele und eine säulenreiche, figurengeschmückte Orangerie entdecken, die von den Sträuchern und Kräutern immer mehr überwachsen wird, seitdem Sonne und Regen in die längst dachlosen Pavillons überall Zutritt haben.

Vom Schloß geht's durch das langgestreckte Marstallgebäude über die Grabenbrücke direkt auf den Marktplatz, in dessen Längsachse die evangelische Stadtkirche, ein spätgotischer Hallenbau, ihre drei Türme aufragen läßt. Um den Marktplatz herum stehen mehrere stattliche Amtshäuser aus der Barockzeit, in der Mitte ein sehr schöner Rokokobrunnen. Gegen das Schloß zu bildet der wunderhübsch geschlossene Platz einen Halbkreis niedriger Domestikenhäuschen mit Wachtstuben und vorgelegten Arkaden: eine Spitzwegidylle voller Behagen, aber auch von schönster architektonischer Ausgewogenheit.

Creglingen

Außer diesem sehr weltlichen Stimmungsbildchen einer verträumten Residenz besitzt das Taubertal auch noch ein christliches Wunderwerk: Im Herrgottsbachtal bei Creglingen steht einsam in einem mauerumwehrten Kirchhof ein altes Wallfahrtskirchlein, das mitten im Schiff, dem Westportal gegenüber, den Marienaltar des Tilman Riemenschneider enthält. Es ist die edelste und reifste Schöpfung der späten Gotik im unterfränkischen Bezirk, zu dem die Freunde einer frommen und bis ins letzte beseelten und durchgeistigten Kunst von weither auch jetzt noch wallfahrten. Maria, von wunderlieblichen kleinen Engeln gen Himmel getragen, und zu ihren Füßen, stehend oder kniend, die zwölf Apostel mit betenden Gebärden; fällt der Schein der

Nebenstehend: Creglingen

Abendsonne durch die Rose über dem Portal, so belebt sich die herrlich komponierte Gruppe, man glaubt, den Lobgesang der zwölf Männer zu vernehmen, und von Marias holdem Antlitz geht ein überirdisches Leuchten aus, als wäre in dieser feierlichen Stunde und an diesem feierlichen Ort alle Erdenschwere versunken.

Noch ein anderes Gnadenbild ist in der Gegend zu finden: Es ist die Madonna Grünewalds in dem kleinen Kirchlein zu Stuppach, die irgendeinmal aus dem Maria-Schneewunder-altar der Aschaffenburger Schloßkirche hierher verschleppt worden ist. Alles, was auf dem Bild zu sehen ist, die Bienenkörbe, der Regenbogen, die Schwertlilie, die Feigen- und Granatbäumchen, die Stadt und der prächtige Dom im Hintergrund und die Engelschöre des sich öffnenden Himmels, ist in den Offenbarungen der heiligen Brigitte vorgezeichnet. Aber mit Worten nie zu schildern ist das Lichtwunder, das über Maria und das Kind ausgegossen ist.

Mergentheim

Die Perle des Taubertals ist natürlich Mergentheim, das noch in allen Gassen und auf allen Plätzen die kultivierten Spuren einer alten geistlichen Residenz erkennen läßt. Hier hatten drei Jahrhunderte hindurch die Hochmeister des Deutschen Ordens ihren Sitz, also mächtige Ritter, die neben ihren geistlichen Pflichten nicht weniger wichtige weltliche zu erfüllen hatten. Ursprünglich stand auch hier eine Wasserburg der Hohenlohe, die diese 1219 an den Orden abtraten.

Eine Rolle in der Ordensgeschichte hat aber Mergentheim erst gespielt, als nach dem Verlust Preußens im Jahr 1527 der Hochmeister hier seine Residenz aufschlug und die Burg bedeutend erweiterte und ausbaute. Die große kolonisatorische und kriegerische Zeit des Ordens lag damals schon weit

Nebenstehend: Mergentheim

220

zurück. Um so ernster wurden die repräsentativen und administrativen Aufgaben genommen, wofür der gewaltig ausgedehnte Schloßkomplex, zu dem noch im 18. Jahrhundert ein neuer Residenzbau kam, der geradezu monumentale Ausdruck ist. Die schönsten Teile sind der aus der ersten Hälfte des 17. Jahrhunderts stammende turmartige Torbau mit seinen vier Giebeln und dem triumphbogenartigen Säulenaufbau und die berühmte Wendeltreppe mit der hohlen und durchbrochenen Spindel, deren kunstvolle Reliefplastik ihr Vorbild im Göppinger Schloß hat. Die Schloßkirche läßt, wenn auch nur in der Fassade, die Meisterhand Balthasar Neumanns erkennen.

Das Städtchen selbst ist planmäßig mit breiten, geraden Straßen und freundlichen Plätzen angelegt. Der geräumige Marktplatz wird beherrscht von dem freistehenden alten Rathaus mit seinen Treppengiebeln und dem siebenstöckigen Turm der ehrwürdigen Stadtkirche aus dem 13. Jahrhundert. An Kirchen fehlt es der ehemaligen Ordensresidenz im Gegensatz zu den anderen hohenlohischen Städtchen begreiflicherweise nicht; die Dominikaner und die Kapuziner hatten hier ihre Gotteshäuser.

Im Jahr 1809 wurde durch ein Machtwort Napoleons das »Fürstentum« Mergentheim aufgehoben und Württemberg eingegliedert, was allerdings nicht ganz glatt verlief; denn als gleich darnach in der Gegend erstmals Rekruten ausgehoben werden sollten, revoltierten die Bauern und setzten kurzerhand die Herren von der königlichen Kommission auf dem Mergentheimer Rathaus gefangen; es bedurfte der Entsendung eines mehrere tausend Mann starken Exekutionskorps, um die Rebellen zur Raison zu bringen. Dabei wurde geplündert und auch scharf geschossen: 100 Tote lagen schließlich in den ehemals so ruhigen Straßen. Die Mergentheimer waren von ihren Hochmeistern ein milderes Regiment gewöhnt, als der dicke Friedrich in seiner neugebackenen Königswürde es zu üben für gut befand. Zu den soge-

Nebenstehend: Schöntal

nannten »guten Städten« hat Mergentheim begreiflicherweise nie gezählt.

Neues Leben kam in das Städtchen, als 1826 ein Schäfer die Bittersalzquelle auf dem andern Tauberufer entdeckte und Mergentheim in freilich langsamer Entwicklung ein richtiger Kurort wurde, der mit dem altberühmten Karlsbad in Böhmen in ideale Konkurrenz trat. Die Kultiviertheit der ehemaligen Residenz, die stillen Parks, die Abgeschiedenheit von Lärm und Hast, die Lieblichkeit der Tauberlandschaft kommen der neuen Mission der Stadt nun vortrefflich zugute.

Schöntal

Im stillen Jagsttal, abseits der großen Durchgangsstraßen, liegt die schönste geistliche Residenz der Barockzeit, die das Schwabenland besitzt: Es ist die uralte Zisterzienser-Reichsabtei Schöntal, um 1150 als die Tochter Maulbronns gegründet und in der ersten Hälfte des 18. Jahrhunderts mit größtem Aufwand erneuert und erweitert. Aus der mittelalterlichen Zeit stammen noch die Ringmauern mit dem Torturm und den Ecktürmen, die alte reizende Steinbrücke und die frühgotische Torkapelle; aus der Renaissance die vielen malerisch in die Gesamtanlage hineingestreuten Wirtschaftsgebäude und die behäbige alte Abtei mit ihren hübschen verschnörkelten Ziergiebeln, die ganz im Stil der hohenlohischen Schlösser gehalten ist. Um 1700 kam die Abtei, die vordem tief verschuldet gewesen war und im Dreißigjährigen Krieg manche Plünderung hatte erdulden müssen, offenbar zu bedeutenden Einkünften, und da der regierende Abt Knittel von Lauda (1683 bis 1732) ein überaus baufreudiger Herr war, der übrigens ähnlich wie der Franzose Montaigne eine Freude daran hatte, lateinische Weisheitssprüche an die Wände malen zu lassen, so wurde in wenigen Jahrzehnten an Stelle des alten Münsters eine weiträumige und hochragende neue Kirche und unmittelbar daran anschließend eine wahrhaft fürstliche neue Abtei errichtet, und zwar nach den einheitlichen Plänen des Bambergischen Hofbaumeisters Dientzenhofer, dem Balthasar Neumann beratend zur Seite stand; das phantastisch schöne, in kühnen, leichten Kurven schwingende Treppenhaus konnte doch wohl nur der Würzburger Großmeister konzipieren.

Ernst und feierlich und fast streng ist der Gesamteindruck dieser neuen Bauten; vom spielerischen Elan und der Grazie des Rokoko ist hier nichts zu spüren. Die Schaufassade der Kirche wirkt mit ihren drei stark betonenden Horizontalen, über denen sich nur ein flachgedrückter, balustradengeschmückter Giebel und die zwei Türme fast wie Dachaufsätze erheben, mehr wie ein Palast als wie ein Gotteshaus. Das Innere birgt an Herrlichem wie auch Merkwürdigem gar vieles, so ein höchst kunstvolles Chorgitter und blinde Galerien mit schmiedeeisernen Brüstungen als verblüffende optische Täuschungen. Die Mönche konnten sich auch hier ihres Besitzes nicht lange erfreuen: 1805 wurde das Kloster säkularisiert und bald darnach für die Zwecke eines evangelisch-theologischen Seminars eingerichtet. Auf einem Hügel hinter dem Kloster steht, weithin sichtbar, die wunderschöne Kreuzkapelle, ein schlankes, kuppelgekröntes Oktogon mit drei Rängen von Galerien und Balkonen, das man sich auch von keinem andern als von Neumann entworfen denken kann.

Im alten Kreuzgang des mittelalterlichen Klosters, der noch erhalten ist, befindet sich eine lange Reihe von Bildnisgrabsteinen der benachbarten Ritterschaft, so auch des Götz von Berlichingen mit der eisernen Hand. Nur eine kleine Wegstunde von Schöntal entfernt liegen das Dörflein Berlichingen mit der alten Stammburg des Geschlechts und Jagsthausen, wo gleich drei Berlichingensche Schlösser zu sehen sind; in dem ältesten, hoch über der Jagst gelegenen wurde Götz geboren. Hier wird auch seine eiserne Hand pietätvoll aufbewahrt.

DIE HALLER EBENE

Hall und die Comburg

An die Hohenloher Ebene schließt sich südlich, ebenfalls von Kocher und Jagst durchflossen, die Haller Ebene an. Es ist das Gebiet der einst mächtigen und sehr reichen Freien Reichsstadt Schwäbisch Hall, die ihre Entstehung einer schon den Römern bekannten Salzstätte verdankt. Sieben Burgen, mit Adligen besetzt, sollten in frühmittelalterlicher Zeit diese höchst wertvolle Fundstätte schützen, die mit allerlei kaiserlichen Privilegien ausgestattet war. Die Bürgerlichen brachen aber bald schon die feudalen Vorrechte und verjagten die Adligen. Am zähesten ging der Kampf mit den auf der Limpurg über Hall sitzenden Schenken von Limpurg; die Haller mauerten sogar das zur Schenkenburg führende Tor zu und sperrten mit dieser drastischen Maßnahme jeden Verkehr mit den Grafen ab. Dieser leidenschaftliche Kleinkrieg dauerte ein ganzes Jahrhundert, und kein Kaiser war mächtig genug, den Schenken zu ihrem vermeintlichen Recht zu verhelfen. Schließlich gaben die Herren auf Limpurg klein bei, verkauften ihre Burg an die Haller und übersiedelten nach Gaildorf, wo weniger rabiate Städter wohnten. Die Haller öffneten ihr Tor wieder und zerstörten sogleich die Burg gründlich und für alle Zeiten, damit keiner mehr Lust verspüre, sich als Herr über sie aufzuspielen.

Die Haller sind lustige Leute, aber es ist mit ihnen nicht zu spaßen, wenn es um ihre Freiheit geht. Sie haben eine ruhmvolle Geschichte hinter sich und sind sich ihrer Würde wohl bewußt. Ursprünglich eine Gründung der Staufer,

Nebenstehend: Schwäbisch Hall

erhielt die Stadt um ihrer Salzsiederei willen schon im 13. Jahrhundert das Recht zu eigener Münzprägung: Der »Heller«, zuletzt noch in Österreich als Währungsbezeichnung gebräuchlich, geht auf den Haller silbernen Pfennig zurück, der in ganz Deutschland kursierte. 1382 mit der Reichsfreiheit ausgestattet, brachte die Stadt durch Kauf ein beträchtliches Territorium unter ihre Oberhoheit und versah sich und ihre beiden Vorstädte mit starken Befestigungsanlagen, von denen noch mehrere Türme und Tore erhalten geblieben sind. Der gewaltige Kasten des Neuen Baus, der am Hang hinter der Kirche das Stadtbild überragt, war einst das Zeughaus und gibt einen Begriff, wie wohlgerüstet die Stadt im 16. Jahrhundert war. Als die Glaubensspaltung geschah, war Hall unter den ersten Städten, die sich für Luther entschieden und sich auch durch die Drangsalierungen Karls V. nicht beirren ließen. Seit 1802 ist auch diese Reichsstadt ungern genug württembergisch geworden.

Die Lage der Stadt am Hang über dem Kocher ist einzigartig schön. »Natur hat sie gewiegt und Kunst sie gebildet«, hat Ricarda Huch sehr hübsch von ihr gesagt. Es hat ja Zeiten gegeben, die eine »bucklige« Stadt häßlich fanden und nur, was topfeben dalag, für rationell hielten. Die Haller waren gottlob immer der Meinung, daß nur, wenn es auf und ab geht, das Leben seinen rechten Rhythmus hat. Und die Folge dieser gesunden Erkenntnis ist, daß Hall den feinsten und originellsten Marktplatz in ganz Schwaben und Franken sein eigen nennt. Man kann eben auch eine schiefe Ebene reizvoll bebauen; man muß es nur verstehen. Und die alten Haller haben das glänzend verstanden. Sie haben ihre stolze Michaelskirche auf eine beherrschende Terrasse auf halbem Hang gesetzt und darunter trotz des ziemlich starken Gefälles ihren Markt etabliert. Als es aber auf die Dauer doch zu unbequem war, so steil zur Kirche hinansteigen zu müssen, legten sie im 18. Jahrhundert vor die Kirche eine im Segmentausschnitt leicht gerundete, wahrhaft monumentale Treppe

Nebenstehend: Comburg

229

von 54 Stufen, die beiderseits von Stützmauern eingefaßt ist. Die Kirche selbst ist viel älter als die Treppe: Der romanische Turm stammt in seinem Rumpf bis zum Achteck aus dem 12. Jahrhundert, das Achteck selbst mit dem Umgang und der putzigen Laterne obendrauf ist renaissancistische Zutat vom Jahr 1573. Das Schiff mit überaus breiten Seitenschiffen, die die Front so wuchtig und großartig erscheinen lassen, und der um sechs Meter erhöhte Chor wurden zu Beginn und am Ende des 15. Jahrhunderts an Stelle der alten Kirche erbaut.

Gegenüber der Kirche, an der tiefsten Stelle des Marktplatzes, steht das Rathaus. Es wurde wie die meisten umliegenden Häuser im 18. Jahrhundert erbaut, denn 1728 hatte eine Feuersbrunst die halbe Stadt zerstört. Ein Rathaus im traditionellen Stil ist es freilich ganz und gar nicht, es ist vielmehr, wie Dehio feststellte, eine fürstliche Prunkarchitektur des frühen Rokoko. Tatsächlich haben Dekorateure und Werkleute, die vorher unter Frisoni am Ludwigsburger Schloß tätig waren, dran mitgearbeitet. Man kann sich denken, daß die Regierungs- und Verwaltungsgeschäfte in einem so eleganten und adretten Palazzo gewissermaßen mit Grandezza besorgt werden, großzügig, in froher Laune, ohne die übliche Substitutenpedanterie. Auch die Patrizier- und Bürgerhäuser der Nachbarschaft haben mehr oder weniger diesen kecken Rokokoschwung und bilden zusammen mit dem Rathaus, das wie eine wahre Königin in ihrer Mitte paradiert, einen unvergleichlich herrlichen städtebaulichen Kontrast zur feierlichen Monumentalität der Kirchenfront.

Auf einer kunstvollen Straße, der Halsteig, die auf Stützmauern und durch Gewölbe hindurch am Steilufer des mäandergeschlungenen Flusses entlang führt, kommt man zur Comburg, dem altehrwürdigen Ritterstift auf isolierter Bergeshöhe. Vierhundert Jahre lang stand hier ein Benediktinerkloster, das um 1500 in ein adliges Chorherrnstift umgewandelt wurde. Die drei Türme der großen Stiftskirche mit ihren kunstvollen steinernen Helmen sind noch romanisch und stammen von der alten Klosterkirche, während Schiff und Chor schönstes Frührokoko repräsentieren; nicht weniger als ein halbes Jahrtausend liegt also zwischen dem Eingangsportal des Westturms und dem Kirchenraum. Die Gebäude, die von der noch völlig erhaltenen Ringmauer und ihren Türmchen und Rondellen umschlossen sind, stammen sogar noch aus weiter auseinander liegenden Zeiträumen: Acht Jahrhunderte haben an der Gesamtanlage gebaut.

Es ist das besterhaltene und am schönsten gelegene befestigte Bergkloster Deutschlands, ebenso mustergültig für die nach den Höhen strebende benediktinische Bauweise wie Maulbronn und Schöntal für die Zisterzienser, die sich in den Tälern ansiedelten. Von der strengen benediktinischen Regel, die so viele ernste Arbeit forderte, war bei den Chorherren freilich nicht mehr die Rede. Das waren reiche Ritter mit mindestens vierzehn nachweisbaren adligen Ahnen, die hier im eigenen Haushalt lebten; da im allgemeinen nur zehn gleichzeitig Aufnahme fanden, waren diese Junggesellenhaushalte von wahrhaft fürstlichem Zuschnitt. Man merkt denn auch an allem, was hier je gebaut und eingerichtet wurde, daß das Teuerste gerade gut genug war. Die meisten Kirchengeräte waren aus massivem Silber und nicht weniges auch aus purem Gold. Das Merkwürdige ist dabei nur, daß mit dem Reichtum hier auch stets ein ungewöhnlich sicherer Geschmack verbunden war.

Das berühmteste Stück auf Hohen-Comburg ist der noch aus dem alten Münster stammende romanische Kronleuchter aus vergoldetem Kupferblech, der einen Umfang von fast 16 Metern hat. Das kunstgeschichtlich einzigartige Werk ist ein an Ketten aufgehängter Riesenreif, an dem zwölf fast meterhohe Laternchen mit wechselnden Turmformen das himmlische Jerusalem symbolisieren. In den Vorder- und Hintertüren der Laternen und in ihrem Oberstock stehen Figürchen in geistlicher und weltlicher Tracht und Engelsgestalten, insgesamt nicht weniger als 412, die freilich mit dem bloßen Auge nicht zu erkennen sind. Ein unvorstellbares Maß von kunstfertiger Kleinarbeit und ein Reichtum an gestaltender Phantasie sind hier an ein monumentales Dekorationsstück verwandt worden, das seit sieben Jahrhunderten im hohen Kirchenraum, Licht und Trost spendend, aufgehängt ist. Wir wissen zwar, wer es gestiftet hat – es war der Abt Hartwig, der 1140 gestorben ist –, aber von den Meistern, die es entworfen und in jahrelanger Handarbeit mit frommem Sinn als ein Gott wohlgefälliges Werk geschaffen haben, ist uns kein Name berichtet. Wenn je eine Arbeit um ihrer selbst willen geleistet wurde, so diese: Die ausführenden Meister mußten sich klar darüber gewesen sein, daß von ihrem Werk, wenn es erst einmal hoch oben im Raum schwebte, das Feinste und Intimste für immer den Blicken entzogen wäre.

Der Schwäbische Wald

So nennt man seit einiger Zeit mit einem Sammelnamen, der sich allerdings noch nicht so recht durchgesetzt hat, das ganze Wald- und Hügelland, das sich südlich der Hohenloher und Haller Ebene, im Westen vom Neckar, im Süden von der Rems, im Osten von der bayrischen Wörnitz und dem Ries begrenzt, entfaltet. Es ist im Gegensatz zum Kalkgebirge der Alb mit seinen steilen Schroffen eine Keuperlandschaft mit weich gerundeten Formen, durchzogen von vielen Bächlein und daher in zahllose Tälchen und Schluchten zerklüftet. Schöne Wälder, Laub- und Nadelholz in buntem Wechsel, verhältnismäßig wenige landwirtschaftlich nutzbare Flächen, daher nur spärliche Besiedlung und fast keine Industrialisierung sind Charakteristika der Gegend.

Die Reihe der Wald- und Hügelzüge beginnt im Nordwesten mit den Löwensteiner Bergen, die ihre Ausläufer bis in die Nähe von Heilbronn und Weinsberg aussenden; das malerisch an den Hang gebaute Städtchen Löwenstein selbst bietet mit seinen zum Teil auf die alte Stadtmauer gestellten Häuschen, seinem Schloß, seinem Wartturm noch das unverfälschte Bild einer kleinen wohlbefestigten mittelalterlichen Stadtanlage, die aufs 13. Jahrhundert zurückgeht. Südlich davon das weinberühmte, liebliche Bottwartal mit dem wehrhaften Städtchen Beilstein, auf dessen Bergkuppe ein hoher fünfeckiger Bergfried, der uralte »Langhans«, letzter Überrest einer alten Burg, weithin in die Lande schaut. Wie ein Vorposten gegen das Neckartal zu hinausgerückt, ragt südlich davon der Wunnenstein empor, wo einst der aus der Uhlandschen Ballade bekannte »gleißende Wolf« sein Räubernest hatte.

An die Löwensteiner Berge schließen sich östlich der Mainhardter Wald, wohl Württembergs ärmster Landstrich, und die Waldenburger Berge an. Südlich davon liegt der Murrhardter und der Welzheimer Wald. Inmitten dieser sich fächerartig breitenden waldigen Hügelzüge liegt am Kocher das Städtchen Gaildorf, wo seit dem 13. Jahrhundert die aus Hall vertriebenen Schenken von Limpurg ihren Sitz hatten. Ein altes Schloß von 1482 mit Turm und Graben und der noch erhaltene Schenkenbecher, ein Geschenk Maximilians II., künden noch von dem schon um 1700 ausgestorbenen Geschlecht.

JAGST- UND KOCHERTAL

Ellwangen

Hinter all diesen Bergen, im Tal der Jagst, liegt zwischen Wiesen und alten mächtigen Alleebäumen die ehemalige geistliche Residenz Ellwangen mit ihren vier Kirchen und neun Kirchtürmen, überragt in der Ferne von einer großen Schloßanlage und einer zweitürmigen, weithin leuchtenden Wallfahrtskirche auf nah beieinander liegenden Hügeln.

Schon im 8. Jahrhundert wurde hier im stillen, dichtbewaldeten Virngrund ein Benediktinerkloster gegründet, das im 9. Jahrhundert zur Reichsabtei erhoben wurde. Die sich um das Kloster scharende Siedlung von Dienstleuten erhielt im 13. Jahrhundert Stadtrechte. Im nächsten Jahrhundert wurde das Kloster, das verschuldet gewesen zu sein und sich auch keines frommen Rufes mehr erfreut zu haben scheint, in ein weltliches Kanonikatstift umgewandelt, dessen Pröpste fürstliche Rechte erhielten und allmählich über ein großes Gebiet und über wahrlich fürstliche Einkünfte verfügten. Im Jahr 1611 ließen sich auch noch die Jesuiten hier nieder, vermutlich weil die behäbigen Chorherren es am rechten kämpferischen Geist ein wenig fehlen ließen, und bauten sich ihre eigene Kirche sozusagen mit Ellbogengewalt rechtwinklig anschließend unmittelbar neben die Propsteikirche, so daß es scheint, als hätten die jesuitischen Bauherren darauf spekuliert, daß die alte Kirche über kurz oder lang doch den Platz freigeben müsse. Das ist freilich nicht geschehen: Die wunderschöne Stiftskirche, die als romanischer Gewölbebau kunstgeschichtlich neben dem Wormser Dom rangiert, steht noch immer als ehrwürdiges katholisches Gotteshaus da, während die mit ihrer so viel pompöseren Front dahinter versteckte Jesuitenkirche seit anderthalb Jahrhunderten den von den Jesuiten so wild bekämpften Protestanten eingeräumt ist: eine nette, kleine Ironie der kirchlichen Historie, die zudem gut schwäbisch anmutet.

Die Fürstpröpste von Ellwangen, denen zwölf ritterbürtige Kanoniker unterstanden, waren einst großmächtige Herren, die ihren Erbmarschall, Erbkämmerer, Erbschenken und Erbtruchsessen nicht viel anders als die Kaiser hatten. Die geistlichen Pflichten drückten nicht schwer, zumal da Ellwangen im 18. Jahrhundert nur noch als reich dotierte Nebenpfründe, die an die höchsten geistlichen Reichsfürsten vergeben wurde, eine Rolle spielte; es genügte also, in

Nebenstehend: Ellwangen

würdigem Stil hofzuhalten und die Gelder so zu verwenden, daß die Residenz sich immer schöner präsentierte. Der Propst, der das am besten verstand, war der Kurfürst von Trier, Franz Georg von Schönborn, der die alte romanische Stiftskirche um 1737 im Innenraum prunkvoll barockisieren, übertünchen und mit Stukkaturen versehen ließ, und zwar mit sehr viel Takt und Geschmack, und der gleichzeitig auch das alte, in der Grundanlage noch aus staufischer Zeit stammende Schloß, das 1608 renaissancistisch erneuert und erweitert worden war, zu einem imposanten Barockpalast ausgestaltete.

Die Stadt selbst hat noch heute durchaus den Charakter einer Residenz, das heißt eines wohlgeordneten, planmäßigen Systems von Straßen und Plätzen, die nicht aus den Bedürfnissen der Bewohner und ihrer Gewerbe, sondern um einer Staatsraison willen entstanden sind. Sternförmig laufen die Straßenzüge auf die alte Stiftskirche und ihre »Stiftsfreiheit« zu, nirgends ist ein Gewimmel und Gedränge, jedes Haus hat genügend Raum, und der Marktplatz, der ehemalige Stiftsfriedhof, ist so stattlich dimensioniert, daß die vornehme Stille um das Stift herum nicht gestört werden konnte. Balthasar Neumann hat denn auch seinerzeit vorgeschlagen, die Leere des Platzes dadurch zu beheben, daß man das neue Rathaus, das er bauen sollte, mitten auf den Platz rücke, aber das Kapitel hat das nicht gestattet. Baumreihen, die herrlich herangewachsen und dafür bekannt sind, daß sie keinen Lärm machen, beleben jetzt den Platz auch sehr schön.

In den Gassen der Altstadt geben selbstverständlich die alten vornehmen Stiftsgebäude, die durch Marienbilder mit Lampen und durch prächtige Wappen charakterisierten Kurien den Ton an. Aber auch die Bürgerhäuser sind sich der Ehre, in einer Residenz zu figurieren, wohl bewußt und wetteifern durch hübsch geschweifte Giebel oder bemalte Fassaden mit ihren prominenten Nachbarn. Und auch sonst ist allenthal-

Nebenstehend: Aalen

ben zu beobachten, daß das Kunsthandwerk hier einst blühte. Die Jesuiten im besonderen haben es sich angelegen sein lassen, tüchtige Meister für ihre Bauvorhaben heranzubilden, und die Schönbornschen Architekten, unter denen A. F. Prahl und B. Neumann exzellierten, haben auch ihrerseits für eine gute handwerkliche Tradition gesorgt. Als das schönste Wohnhaus hat wohl das Adelmannsche Palais zu gelten, das die fürstlichen Erbmarschälle für ihre privaten Zwecke sich von dem gleichen Baumeister erstellen ließen, der auch die Schönenbergkirche erbaut hat; es dürfte einer der berühmten Thumb aus Bregenz gewesen sein, die auch in Obermarchtal und Friedrichshafen so bedeutend gewirkt haben.

Die Wallfahrtskirche zur heiligen Maria von Loreto auf dem eine halbe Wegstunde von Ellwangen sich sehr sanft empor-wölbenden Schönenberg ist auch eine jesuitische Schöpfung. Man gelangt dorthin über einen von zweihundertjährigen Linden und Eichen beschatteten Höhenweg, der von sech-zehn Stationen und barocken Kapellen gesäumt ist. Ursprünglich stand hier oben eine kleine Gnadenkapelle, die von der größeren Kirche überbaut werden sollte, damit die Gläubigen bei jedem Wetter sich versammeln könnten. Die Brüder Thumb aus Vorarlberg, denen aber ein jesuitischer Laienbruder, Heinrich Meyer, korrigierend zur Seite stand, waren die Baumeister. 1686 wurde die Kirche geweiht, aber zwanzig Jahre später schon schlug der Blitz ein, und der Innenraum mußte frisch stuckiert werden. Im Anschluß an die Kirche wurde zu Beginn des 18. Jahrhunderts ein Prie-sterseminar erstellt, von dem aber nur ein Teil fertig ausge-baut worden ist.

Die Kirche mit ihren zwei weißen, schlanken Türmen ist ein Wahrzeichen, das weithin sichtbar ist; sogar von der Alb herüber ist sie bei klarem Himmel zu sehen und überall auch von den fränkischen Höhen. Die Schaufront ist sehr schlicht und streng gehalten; noch ist hier nichts von den Schwellun-gen und Flächensprengungen zu sehen, die für die spätere Barockarchitektur so charakteristisch sind. Noch ist der Raum hier in eine fast starr wirkende Form gebändigt, und auch das Querschiff, durch Blendgiebel angedeutet, tritt kaum merklich aus den Seitenfronten hervor. Um so großartiger und prächtiger wirkt der Innenraum, der in seiner Wölbung unendlich hoch erscheint; aus Quellen, die zunächst nicht erkennbar sind, strömt eine ungeheure Flut von Licht herein. Es ist wohl der festlichste, noch nicht spielerisch überladene Raum, den das schwäbische Barock uns geschenkt hat.

Crailsheim

Wo die Jagst aus dem Ellwanger Bergland in die Haller Ebene austritt, liegt auf dem rechten Hochufer das alte Städtchen Crailsheim. Seine Bedeutung als Marktflecken verdankte es schon in früher Zeit dem Schnittpunkt der großen Verkehrsstraßen Nürnberg–Heilbronn und Nördlingen–Frankfurt. Die Stadtgerechtigkeit stammt aus dem Jahr 1388. Bald darnach brachten die Burggrafen von Nürnberg die Stadt durch Kauf an sich, die dann fast ein halbes Jahrtausend hindurch, zumeist durch Obervögte, hier regierten. Widrige kriegerische Schicksale blieben dem Städtchen indessen erspart; nur einmal, und zwar 1379, hatte es eine Belagerung auszuhalten, als Hall, Dinkelsbühl und Rothenburg, also drei immerhin sehr bedeutende Reichsstädte der Umgebung, mit ihren Truppen vor den Toren erschienen und schließlich ruhmlos wieder abziehen mußten: Zur Erinnerung an diese einzige glorreiche Waffentat ihrer Geschichte feiern die Crailsheimer noch heute im Februar, und zwar am Mittwoch vor Estomihi, ihr vergnügtes »Horaffenfest«. Als 1792 die Könige von Preußen das Burggrafentum erbten, wurde Crailsheim auf anderthalb Jahrzehnte preußisch. Es hat aber auch diese Episode gut überstanden, ebenso wie die folgenden vier Jahre, da es bayrisch war. Seit 1810 ist Crailsheim ebenso wie der benachbarte Marktflecken Gerabronn, der durch die Jahrhunderte seine Geschichte teilte, württembergisch.

Das Originellste an Crailsheim, das den Charakter eines fränkischen Amtsstädtchens treu sich bewahrt hat, ist das Rathaus. Es steht mitten auf dem Marktplatz neben der Liebfrauenkapelle, und wer nicht sehr genau hinschaut, der wird das Rathaus mit der Kirche verwechseln, denn diesem Rathaus, einem mächtigen Steinbau aus dem Jahr 1622, wurde später eine Vorhalle mit großartigem Barockturm angegliedert, der mit seinen 54 Metern das ebenfalls barocke Türmchen der gotischen Kapelle daneben höchst bescheiden erscheinen läßt. Bevor der Bau zur Würde eines Rathauses emporstieg, war er ein markgräfliches Tanzhaus, also ein Vergnügungsetablissement, wie es nur das leichtlebige Franken sich während des Dreißigjährigen Krieges in solcher massiver Wichtigkeit leisten konnte.

Aalen

Südlich von Ellwangen, im Tal des Kochers, liegt Aalen, das seit 1360 das bescheidene Leben einer kleinen, politisch wenig ehrgeizigen Reichsstadt geführt hat. Da hier offenbar nicht viel zu holen war, haben die Mächtigen sie in Ruhe gelassen. Daß aber die Bürgerschaft sehr wohl wußte, was sie wollte, hat sie während der Reformation bewiesen, als sie sich, wenn auch erst 1575, den Ellwanger Pröpsten, denen auch die Aalener Kirche gehörte, Trotz bietend, für den Protestantismus entschied. Im Dreißigjährigen Krieg hatte dann die Stadt das Pech, daß die Schweden nach der Nördlinger Schlacht auf der Flucht mitten in der Stadt Aalen ihre Pulverwagen stehen ließen, die von den Kaiserlichen in Brand geschossen wurden: Es geschah eine fürchterliche Explosion, die fast das ganze Städtchen demolierte, die Bewohner unter den Trümmern begrabend; nur ein Turm der Stadtbefestigung soll heil geblieben sein. Damals verbrannten auch alle Urkunden, die für die Stadtgeschichte aufschlußreich gewesen wären. Gleich darnach machten sich die Überlebenden an den Wiederaufbau.

Die jetzige Altstadt ist also ein Notgebilde aus dem 17. Jahrhundert, ehrwürdig nicht so sehr um baukünstlerischer Leistungen willen als wegen der unverdrossenen Heimatliebe, die aus der in schwerer Notzeit vollzogenen Wiedergeburt spricht.

Interessant ist die aus dem Jahr 1765 stammende Stadtkirche, die in ihrer ganzen Anlage auf die Bedürfnisse des evangelischen Gottesdienstes zugeschnitten ist: Es ist ein rechteckiger Saal mit flachen Kreuzarmen; Altar und Kanzel stehen in der Mitte einer der Längsseiten. Nüchternheit und Schmucklosigkeit sind oberstes Prinzip. Einer der Schmalseiten vorgelagert ist der Turm mit Kranz und gedrücktem Kuppeldach. Man muß die gleichzeitig in Oberschwaben erbauten fröhlichen Rokokokirchen zum Vergleich heranziehen, um den weltanschaulichen Gegensatz der beiden Konfessionen handgreiflich vor Augen zu haben.

Als Wahrzeichen der Stadt gilt seit altes der »Spion von Aalen«, ein holzgeschnitztes Männchen an der Uhr des Rathauses, das mit jedem Pendelschwung seinen Kopf nach links und rechts dreht. Der böse Volkswitz der Nachbarn, die keine freien Reichsbürger waren, hat behauptet, die Aalener hätten einst, als sie von irgendeinem Kaiser mit der Exekution bedroht waren, einen besonders schlauen Mitbürger ins kaiserliche Heerlager entsandt, um den Feind auszuspionieren. Der Mann ging auch geradewegs zu den kaiserlichen Truppen, sah sich alles genau an, und als man ihn schließlich fragte, was er eigentlich wolle, soll er den Soldaten im strengsten Vertrauen ins Ohr geflüstert haben, er sei der Spion aus Aalen. Worauf ihm die Soldaten lachend freies Geleit aus dem Lager gaben.

Aber auch das neue Rathaus hat seine Sehenswürdigkeit: Da wird eine rote, mit »N« bezeichnete Fensterscheibe gezeigt zur Erinnerung daran, daß Napoleon hier einst mit dem Kopf durch die geschlossene Fensterscheibe stieß. Immerhin, eine Scheibe geht noch an; das ist, wenn es einem Großen passiert, für eine Kleinstadt eine Sensation; gegen eine Wand mit dem Schädel ist weniger harmlos, wie Napoleon und andere später erkennen mußten. In diesem Rathaus ist auch ein kleines Schubartmuseum untergebracht, denn in Aalen, wo sein Vater Diakonus war, hat der aus dem nahen Obersontheim im Bühlertal gebürtige Dichter einige Jugendjahre verlebt und in den Dörfern der Umgegend als Kandidat der Gottesgelehrtheit sogar gepredigt, bis er dann in Geislingen als Präzeptor angestellt wurde. Schubarts Hoffnung, durch eine schwülstige Ode auf den Fürstpropst von Ellwangen eine Pfarrei zu erlangen, denn dieser katholische Propst hatte merkwürdigerweise auch evangelische Pfarreien zu betreuen, ging freilich nicht in Erfüllung; er erhielt für sein Poem nur vier Karolin, die gerade zu einem warmen Anzug ausreichten. Das war im Jahr 1763.

Eine halbe Wegstunde nördlich von Aalen liegt das stattliche Dorf Wasseralfingen, wo schon die Propstei Ellwangen seit dem 17. Jahrhundert eine Erzgrube betrieben hatte; heute führt zu dem Braunenberg, der das Erz birgt, eine Zahnradbahn, und in Wasseralfingen stehen Hochöfen und eine Erzgießerei, deren Haushaltöfen in ganz Deutschland als gute und sehr geschmackvolle Wärmespender geschätzt sind. Die Wasseralfinger Eisengüsse, kleine Kunstwerke nach reizenden klassizistischen Modellen, sind ebenfalls weithin berühmt als eine hundertjährige schwäbische Spezialität.

Auf der Bahnstrecke von Aalen nach Nördlingen kommt man bei Röttlingen durch den fast 600 Meter langen Bildwasentunnel, der von der Mitte nach beiden Seiten abfällt: Hier ist in 550 Meter Meereshöhe die Wasserscheide zwischen Rhein und Donau. Eine der nächsten Stationen ist Bopfingen, das ein halbes Jahrtausend lang die Ehre hatte, unter den 37 schwäbischen Reichsstädten auf dem Reichstag als letzte zu figurieren. Bopfingen liegt am Fuß des kahlen, vulkanischen Jurakegels Ipf und hat den Charakter eines heimeligen alten Reichsstädtchens noch treu bewahrt, wenn auch von den einstigen Befestigungswerken nur noch ein

Nebenstehend: Bopfingen

242

einziger Mauerturm übriggeblieben ist. Es hat eine schöne frühgotische Kirche mit charaktervollem Barockturm und so manche idyllische krumme Gasse. Der Volkswitz nennt die Bopfinger »Gelbfüßler«, und zwar soll das daher kommen, daß sie bei einer Eierlieferung für den kaiserlichen Hof die Eier in den Korb mit den Füßen hineingestampft hätten, weil dieser für die geforderte Menge zu klein war. Wenn das aus Protest gegen die Auflage geschah und wenn sie die gelbe Brühe im Korb dann auch tatsächlich abzuliefern den Mut hatten, kann der Schimpfname nur mit großem Respekt auf sie angewandt werden.

DAS HÄRTSFELD

Südöstlich des Talwinkels, der von Aalen nach Bopfingen gebildet wird, breitet sich das Härtsfeld, wo sich der östlichste Teil der Alb sanft gegen das bayrische Ries und gegen das Kocher- und Jagsttal abdacht. In dieser gottverlassenen Gegend, die unvorsichtige Leute das schwäbische Sibirien zu schelten pflegen, liegt im breiten, offenen Tal der Egau die schon 1095 gestiftete Abtei Neresheim. Unten im Tal am Fluß das freundliche Städtchen mit zwei zwiebelgekrönten Kirchtürmen, darüber, eine Viertelstunde entfernt, durch eine schnurgerade Lindenallee damit verbunden, auf einem sanft schwellenden Hügel der Palast des Konventsgebäudes mit der Abteikirche, umringt von einem langen, niedrigen Zug von Ökonomiegebäuden. Die Kirche mit konvexer Barockfassade, flankiert von einem schlanken, hohen Turm, der noch von der ersten Kirche übriggeblieben ist, wird von Dehio als der schönste Barockbau gerühmt, den Deutschland besitzt. Sie ist das Alterswerk Balthasar Neumanns, dessen Vollendung er nicht mehr erlebte. Die Pläne stamm-

Nebenstehend: Neresheim

ten aus dem Jahr 1747 und 1748; fünf Jahre später starb der Künstler, und seine Nachfolger, darunter sein Sohn Ignaz, konnten nur behelfsweise, so durch verflachende Holzkonstruktionen der Kuppeln, das ausführen, wozu der Meister allein befähigt gewesen wäre. 1777 wurde die Kirche geweiht.

Die Fassade und der Außenbau, die von Neumann nur im groben skizziert waren, weichen vom barocken Schema kaum ab. Es ist der Innenraum, der seines Meisters Ruhm verkündet. Er ist ein einfacher Langbau mit einem kurzen Querschiff genau in der Mitte. Die Vierung ist von einer längsovalen Kuppel überwölbt, der sich zwei schmale ovale Nebenkuppeln anschließen. In der Längsrichtung, dem Eingang und dem Chor zu, sind je zwei weitere runde Kuppeln angegliedert. Da die Strebepfeiler für diese Kuppelkonstruktionen nach innen gezogen und als Freipfeiler von der Wand gelöst, aber mit ihr und unter sich durch Bögen verbunden sind, ergibt sich ein Rhythmus der Wandarchitektur, der geradezu berauschend wirkt: Der Raum hat, zumal da von überallher Ströme von Licht ihn durchfluten, etwas Schwingendes und Klingendes, das um so überraschender wirkt, als der ganze Raum fast klassizistisch streng und einheitlich komponiert erscheint. Das Geheimnis der Wirkung liegt in den Kuppeln, deren Kurven und genial berechnete Überschneidungen aus allen Ecken und Enden als lineares Echo widerhallen. Wie müßte dieser Raum erst wirken, wenn die Vierungskuppel so hoch gewölbt wäre, wie allein Neumanns konstruktives Genie das vermocht hätte, und wenn der »kolossalische Ausstattungspomp«, den er vorgesehen hatte, verwirklicht worden wäre! Immerhin ist es ein Glück, daß der letzte der großen Barockmaler, der Tiroler Martin von Koller, die Deckengemälde mit einer koloristischen Virtuosität und einem perspektivischen Raffinement ausgeführt hat, die seither nirgends mehr erreicht worden sind.

Nebenstehend: Neresheim

Der Hauptort auf der Hochfläche südlich der Ostalb gegen die Donau zu ist Heidenheim im Brenztal, am Rand des wälderreichen Albuchs. Da die Gegend landwirtschaftlich zu den unergiebigsten Württembergs gehört, legten sich die Bewohner schon seit alters auf die Baumwoll- und Leinenweberei. Heute gehört Heidenheim zu den industriell regsten Orten ganz Süddeutschlands mit mehreren Firmen, die Weltgeltung haben. Turbinen, Kattun, Verbandsstoffe, Wolldecken, Zigarren sind berühmte Heidenheimer Artikel. Es ist die typisch schwäbische Erfahrung, daß da, wo die Ungunst der äußeren Verhältnisse am unüberwindlichsten erscheint, der trotzige Fleiß der Schwaben sich am erfolgreichsten freie Bahn bricht.

Überragt wird das alte Städtchen, das »schön« zu bauen nie Zeit noch Geld hatte, vom Schloß Hellenstein, das malerisch auf einem 70 Meter hohen Felsmassiv gelagert ist. Ursprünglich dem freien Herrengeschlecht der Hellenstein gehörig, das aber schon im 14. Jahrhundert ausgestorben ist, kam die überaus stattliche, wehrhafte Burg um 1500 an Württemberg, dessen Herzöge Ulrich und Friedrich I. sie neu aufbauten und erweiterten. Spätere Generationen haben sich weniger darum gekümmert, so daß zu Beginn des 19. Jahrhunderts sogar der Plan erwogen wurde, die ganze ausgedehnte Schloßanlage samt den Ruinen der ältesten Teile auf Abbruch zu verkaufen. Dazu kam es dann gottlob nicht, weil sich keine kauflustigen Liebhaber einfanden. Heute ist in dem Schloß, das ganz prachtvoll aus den bewaldeten Steinfelsen herauswächst, ein Heimatmuseum untergebracht, dessen Sammlungen zu den wissenschaftlich wertvollsten des Landes gehören.

Nebenstehend: Heidenheim

NACHWORT

»Nichts scheint leichter, als ein Büchlein über Württemberg
zusammenzuschreiben. Es ist alles, was da zu sagen wäre, ja
schon gesagt. Und zwar unübertrefflich gut und gründlich
und über alle Maßen gescheit, in aberhundert dicken und
fleißigen Büchern. Gibt es doch nichts in diesem kleinen
Land, was nicht erforscht und statistisch erfaßt wäre, von
der in die vorchristlichen Jahrtausende zurückreichenden
Urzeit an, da der Neander-Mensch in den Höhlen der
Schwäbischen Alb hauste und auf Wildpferde, Bären, Ren-
tiere und das gewaltige Mammut Jagd machte, über die
Kelten-, Römer-, Alemannen- und Frankenzeit bis auf
unsere Tage, da die Völkerwanderung von ehedem durch
die Pendelwanderung der noch halb bäuerlichen Industrie-
arbeiter von heute abgelöst wurde. Geologisch, prähisto-
risch, früh- und spätgeschichtlich, sippenkundlich, kulturell,
politisch, wirtschaftlich – nirgends weit und breit ein Problem, das nicht energisch in Angriff genommen und fein
säuberlich gelöst worden wäre.
Die Schwaben sind stolz darauf: Ihr Land ist das bestbe-
schriebene im ganzen Reich, womit der erste Superlativ
glücklich ausgesprochen wäre. Es ist, um den zweiten Superlativ sogleich folgen zu lassen, auch das am höchsten
gerühmte Land in deutschen Gauen. Und deshalb ist es
schwer, in den Chor mit der rechten Tonlage einzustimmen.
Gerühmt haben die Schwaben nicht sich selbst am lautesten;
sie haben das immer gern den anderen überlassen, freilich
nicht ohne sehr mißtrauisch zuzuhören, denn sie wissen aus
ihrer langen geschichtlichen Erfahrung, daß sich hinter dem
Lob oft ein nicht immer feiner Spott verbirgt. Auch *der*
Superlativ besteht zu Recht, daß die Schwaben der am
liebsten und unermüdlichsten verspottete Stamm unter den
Deutschen sind, ein Spott, hinter dem sich nur schlecht ein

durchaus verständlicher Neid und ein großer Respekt verbergen, für den der Schwabe ein besonders feines Ohr hat. Aber in einem sind die anderen alle miteinander den Schwaben unterlegen: in der Selbstverspottung. Darin sind wir die unbestrittenen Meister; und wenn einem Berliner, Sachsen oder Rheinländer ein Witz über uns einfällt, dann fallen uns selbst alsbald zwei noch viel schlechtere ein. Jedenfalls sind alle guten Witze, die je über uns gemacht worden sind, hausgemacht, und das heißt in unserer Sprache: daß sie besser sind als alles, was man im Laden kaufen kann. Unsere Selbstverspottungsliteratur rückt uns gleichrangig neben die Iren und die Schotten, mit denen zusammen wir den europäischen Humor in seiner souveränsten Form repräsentieren. Der deutsche Maßstab reicht hier allein nicht zu; andere deutsche Stämme können zwar auch lachen, aber nicht so frei und herzlich über sich selbst wie die Schwaben. Dahinter steckt kein geringes Selbstbewußtsein.«

Diese Worte schickte Hermann Missenharter einer früheren Ausgabe voraus. Das Werk selbst entstand aus einzelnen Beiträgen im Lauf mehrerer Jahre, meist kurz ehe im Zweiten Weltkrieg vieles unterging. Missenharter beschreibt sein liebes altes Württemberg so lebendig, daß wir gern wieder nach den Spuren suchen, die diese Zeit hinterlassen hat.

Von besonderem Reiz aber ist es, heute – wiederum nach einer Generation – anhand dieses Buches die Entwicklung nachzuvollziehen, die seit seinem Entstehen eingetreten ist. Es handelt sich nicht allein um Neu- und Wiederaufbau, um technische Neuerungen im Straßenbau, Eisenbahnnetz und bei der Kanalisation, sondern auch um Veränderungen im wirtschaftlichen Bereich. Einige Produktions- und Handelszweige, die damals die Grundlagen der Entwicklung schufen, sind umstrukturiert oder ganz verschwunden; andere standen seinerzeit erst am Anfang ihres Aufschwungs. So ist es aufschlußreich, gerade auch diesen Phänomenen nachzusinnen und zu beobachten, wie der Einbruch der neuen Zeit nicht nur Dinge, sondern auch Anschauungen gewandelt hat. Missenharter gibt wie nebenbei eine Zustandsbeschreibung des Denkens und Arbeitens im alten Württemberg, die zu Vergleichen mit den jetzigen Verhältnissen herausfordert. Dieses anmutige Werk kann etwas von dem aufzeigen, was immer noch als das „alte Württemberg" zu bezeichnen ist. Das Kleine, Unscheinbare, aber selbst Überlegte und Erarbeitete hat hierzulande immer noch seinen Rang. Immer noch ist der Sinn nach den Werten gerichtet, die heute manchmal als „Wurzeln des Wohlstands" bezeichnet werden. Damit ist nur unvollkommen angedeutet, was dieses „liebe alte Württemberg" letztlich ist. Großspuriges Auftreten, oberflächliche Leichtigkeit weckt auch heute noch Mißtrauen, und es ist keineswegs ausgemacht, ob die Entwicklungen der letzten Jahre nur Gutes gebracht haben. Hier mag dann etwas von dem anklingen, was Hermann Missenharter mit seinem Buch deutlich machte: Wenn er auf altüberkommene Eigenschaften hinwies, wollte er dazu ermutigen, dieses Land nicht im Stich zu lassen, sondern für es zu arbeiten und zu hoffen.

Auch heute, in einer von damals aus gesehen unvorstellbar anderen Zeit, ist es angebracht, sich zu erinnern, wo der Weg begann. Es ist nicht damit getan, die Zeugnisse der Vergangenheit liebevoll und aufwendig zu konservieren. Nur zu oft wird darüber die Aufgabe vergessen, die diese Zeugnisse der Vergangenheit an uns stellen: die Aufgabe, die Pünktlichkeit im Kleinen zu verbinden mit der Weite der Welt, die heute oft altväterisch anmutende Gediegenheit zu verbinden mit der Notwendigkeit des wirtschaftlich Machbaren und damit eine Zukunft zu sichern, die bestanden werden will.

Noch ist in Missenharters Erinnerungen oft von den Nöten, den Hungerjahren die Rede, und gleichzeitig wird der Schritt mutig in die Zukunft gerichtet. Ein Blick auf unser liebes altes Württemberg zeigt, daß aus großen Schwierigkeiten oft die Kräfte erwuchsen, die die Entwicklung vorbereiteten. Geistige Kräfte wurden freigesetzt. Gerade Notzeiten haben sehr viel bewirkt: Man widmete sich den Aufgaben intensiver und fand auch Lösungen. Und doch hatte damals fast jede Familie ihre Verwandten in Amerika und der ganzen Welt – Menschen, die aus Not ausgewandert waren. Das ist noch gar nicht so lange her.

Über solche Fragen kann man ins Sinnieren kommen, wenn man sich Hermann Missenharters Bilder aus seinem „lieben alten Württemberg" heute vor Augen führt.

Der neuen Ausgabe sind Bilder aus unseren Tagen beigefügt. Dabei wurden bekannte und sehr oft fotografierte Ansichten vermieden, denn über das Aussehen der Städte in unserem Land gibt es viele gute Publikationen. Hier sind seltenere Motive ausgewählt, die man suchen muß, um ihre Schönheiten zu entdecken, und die uns zeigen, daß es auch heute noch heißen kann: Hie gut Württemberg allewege.

ORTS- UND NAMENREGISTER